強くなるコアトレ

表現スポーツのコンディショニング

新体操・フィギュアスケート・バレエ編

有吉与志恵 著／秋山エリカ 監修

はじめに
筋肉が変われば演技が変わる

　表現スポーツといわれる、身体で何かを表現するみなさんに、この本を読んでいただきたい。新体操はもちろん、フィギュアスケート、バレエなどダンサーの方々、軸づくりを必要とするスポーツの方々へ、そしてその指導者の先生方へ、お贈りしたい本です。

　2020年の東京オリンピックに向けて選手強化が進められていますが、ケガでつぶれる選手は出てほしくないのです。日本人の身体能力は世界でも高いはずです。練習環境などが諸外国ほど恵まれてないにもかかわらず、世界で活躍する選手がこんなにも多いのですから。その活躍はまさに、潜在能力の高さと、勤勉さ、精神力の賜物だと感じています。

　私自身も故障でスポーツを断念した経験があります。

　今でもあのころのことを思い出すと胸が痛くなります。

　そして私の指導した一流の選手は、運よく大きな故障をしたことがない方々でした。この本の監修者である秋山エリカ先生も、そのお一人です。私は思います。故障しなかったことを「運よく」というひと言ですませてはいけないのです。たまたま指導者に恵まれたから、たまたま身体に恵まれたから、たまたま才能があったから……。こうしたことが、たまたま運がよかったということであってはいけないのです。全国や世界へ羽ばたこうとしている選手はみな、必ず全国・世界に通用する要素をもっており、成功する可能性があります。その可能性をいかに育てるか、そして身体を壊さない練習をさせるかが大切なのです。

　こんなことを言うと、「運動選手には故障はつきもの、それを乗り越えて強くなるんだ」という声が聞こえそうです。しかし、私は違うと思います。故障しない練習やトレーニングが大切なのです。運動は科学です。さまざまな研究がなされているにもかかわらず、ほとんど現場に生かされていません。指導者の経験のみで練習が組み立てられているのが現状です。

しかし本当は、幼いころの身体活動、生活姿勢、運動強度が重要で、基礎体力をいかにつけるか、そして筋肉を正しく使うことを身体で覚えることが大切なのです。これは赤ちゃんのころまでさかのぼる必要があります。

　幼いころは色々なスポーツや運動をしたほうがいいと思っていますが、専門種目への取り組みはいまやどんどん若年化しています。筋肉や骨格がまだできてないときに強度の高い運動や技術練習を行うので、身体は無理やりその表現をしようと、おかしな使い方をしてしまいます。その無理が骨格のゆがみにつながり、骨格のゆがみが後に故障へとつながるのです。

　また、弱い部位が故障を起こすと思われがちですが、筋肉の使い方のアンバランスが関節や腱に負担をかけ、これが故障につながるのです。これが外傷でない故障、つまりスポーツ障害といわれるものです。

　しかし、多くの指導者、トレーナーといわれる方々は、その故障部位を鍛えようとします。鍛えてしまっては、また同じことを繰り返してしまいます。鍛える前に取り組んでほしいことがあるのです。

　ソチ・オリンピックの際、男子フィギアスケートのプルシェンコ選手（ロシア）が個人戦を棄権しましたが、手術で背骨をつないでいたボルトが折れたためといわれています。これにはドクターも驚いたという話ですが、着氷の時に無理な力が同じ部分にかかり、ボルトを折ったのでした。繰り返しにならないように、故障しないように、負担のかかる筋肉に対して取り組んでほしいことがあるのです。その提案が「コンディショニング」であり、筋肉を整えながら練習をしてほしいのです。

　この本を書こうと思ったきっかけをお話しましょう。東京女子体育大学の新体操部へコンディショニングを提供して2年目が終わろうとしているとき、ようやく選手たちにコンディショニングが定着し、全日本インカレでは、チームが64連覇を達成、個人も優勝できたことで、先生方にお話を聞いていただく機会を得たことです。コンディショニングをやっても選手の身体の変化がスムーズでないのは、選手たちのやっている日ごろのトレーニングや準備運動などに問題があるのではないかとい

うことをご提案させていただきました。

今思えば、これはとても勇気を必要とする行動でした。本当にこの考え方を聞いてくださったことに感謝いたします。そのとき、秋山先生が「トレーニングを仕分けしてください」と言ってくださり、練習の前後と演技直前へのコンディショニングの導入が始まりました。

秋山先生と積み重ねた時間は、とても貴重な時間でした。

「悪い演技はわかるんだけど」
「こうしてほしいという動きはわかるんだけれど」
「どうすればそうなるかがわからない」と率直にお話しくださいました。

まさに、日本のスポーツ指導の大きな弱点がそこにあり、私に課題を与えてくださいました。

どの競技の現場でも、コーチのみなさんは「こういうふうに動け」と指示を出し、模倣やイメージで身体を使わせようとします。それが効果的な場合もときにはあります。しかし、悪いところやできていないところを指摘しても、また、動作時にフォームを変える指示を出しても、効果的でない場合がほとんどです。

なぜなら、その動きができないのは、対応する筋肉の反応が希薄だからです。筋肉を動かしたいように動く筋肉にトレーニングすることが必要なのです。

そこで秋山先生の理想を1つ1つお聞きしていくと、1つの結論に達しました。それはまさにコンディショニングで追求している「静止姿勢」でした。

その姿勢がとれるようになると、演技が変わります。これは筋肉が正常に機能していることを示すのです。

私が筋肉にマニアックなのと同じくらい、新体操にマニアックな（笑）秋山先生は、理想の姿勢写真をお持ちでした。

きちんと寝れる
きちんと座れる
きちんと立てる
きちんと歩ける

写真提供：秋山エリカ

　私は、この写真を見たときに、心の中で「よし！」と叫びました。
　秋山先生となら、表現スポーツに特化したコンディショニングを開発できると思ったのです。
　そして、なぜその姿勢がとれないかの理由の1つとして、筋肉のアンバランスがあることを解説し、できるだけ秋山先生の理想姿勢に近づくようにコンディショニングを提供していきました。
　そしてその筋肉の仕組みが見えてきました。
　この本の前半の基本姿勢の内容は、すべてのスポーツに通じるかもしれません。後半にはすべての表現スポーツに必要な動作も分析しています。
　私は、痛みは筋肉の赤信号、だから「痛い身体で練習しない」と常々言っています。また、ゆがみは筋肉のアンバランスの現れです。ですから「ゆがんだ身体で練習を始めない」とも言っています。この2つを合言葉に2020年を迎えたいと思います。
　痛い身体で練習しない
　ゆがんだ身体で練習を始めない

有吉与志恵

目次

はじめに…2

この本の活用方法…10

第1章
知っておきたい基礎知識

1. 基本姿勢が大切なわけ…14
2. 基本姿勢…16
   あお向けにきちんと寝られますか？…16
   脚を伸ばして床に座れますか？…17
   椅子にきちんと座れますか？…17
   きちんと立てますか？…18
3. 知っておきたい筋肉の話…20
4. もっと知ってほしい筋肉の話…28

COLUMN #1 表現スポーツとは何か…34

第2章
よくわかるコンディショニング

1. コンディショニングとは…36
2. リセットコンディショニングとは…37
3. アクティブコンディショニングとは…40

COLUMN #2 姿勢とコアと軸…42

第3章
選手のためのモニタリング

- ■ 表現スポーツ選手のモニタリング…44
- 1 膝、ふくらはぎ、くるぶしがちゃんとついてほしい…45
- 2 膝裏がついてほしい…48
- 3 腰がついてほしい…50
- 4 頭をつけたまま、うなずくことができる…52
- 5 背中をつけたまま、腕を上げることができる…54
- 6 かかとをつけたまま、つま先立ちができる…56
- 7 膝が正面を向いてほしい…59
- 8 開脚が180°以上できてほしい…62
- 9 膝から下がついてほしい…64
- 10 しっかり反ってほしい…66
- 11 スピリッツ（前後開脚）で180度以上開いてほしい…68

COLUMN #3 栄養の話＜1＞…70

第4章
リセットコンディショニング

- ■ リセットコンディショニングの実施方法…72
- 1 首のリセットコンディショニング…74
  - 頸椎クルクルトントン…75　　胸鎖乳突筋・斜角筋のリセット…76
  - 肩甲挙筋・板状筋のリセット…77
- 2 胸椎のリセットコンディショニング…78
  - 胸椎クルクルトントン…79　　胸椎・前鋸筋のリセット…80
- 3 腰椎のリセットコンディショニング…81
  - 腰椎クルクルトントン…82
- 4 肩関節のリセットコンディショニング…83
  - 両腕クルクル…84　　肩ブラブラ…85
- 5 股関節のリセットコンディショニング…86
  - 股関節クルクルトントン…87

6 膝関節のリセットコンディショニング…90
　　膝関節トントン…91
7 足関節のリセットコンディショニング…93
　　指わけ…94　　リスフラン・ショパール…95
　　かかとゆすり／足首グルグル…96　　ふくらはぎのリセット…97
8 ポールを使うリセットコンディショニング…98
　　胸椎クルクルトントン…99　　腰椎クルクルトントン…100
　　両腕クルクル…101

COLUMN #4　栄養の話＜2＞…102

第5章 アクティブコンディショニング

- アクティブコンディショニングの実施方法…104
1 腹横筋のアクティブコンディショニング…106
　　アブブレス・ストロングブレス…106
2 回旋筋のアクティブコンディショニング…107
　　コアツイスト…107
3 多裂筋のアクティブコンディショニング…109
　　フェイスダウンブレス…109
4 ハムストリングスのアクティブコンディショニング…111
　　レッグカール…111
5 腹直筋下部のアクティブコンディショニング…114
　　シットアップブレス…114
6 腹直筋のアクティブコンディショニング…115
　　アブブレス…115
7 内外腹斜筋のアクティブコンディショニング…116
　　アブクロス…116
8 外旋六筋のアクティブコンディショニング…117
　　ヒップジョイントターン…117
9 中臀筋のアクティブコンディショニング…118
　　アブダクション…118
10 内転筋群のアクティブコンディショニング…120

アダクション…120
11 膝内旋筋群のアクティブコンディショニング…122
　　　ニーローテーション…122
12 足指のアクティブコンディショニング…123
　　　サムライシット…123
13 ポール上でのコンディショニング＝コアトレ…124
　　　あお向けでのコアトレ…125
　　　コアと手脚の連動：体幹トレーニング…127
14 歩きのコンディショニング…130
　　　ヒールウォーク／コアステップほか…130

COLUMN #5　身体のメンテナンス…132

第6章
故障対策のコンディショニング

1 コンディショニングの実際：故障別…134
　　　腰痛…135　　足底筋膜炎ほか…36　　股関節痛…136　　膝痛…137
2 コンディショニングの実際：事例紹介
　　　アキレス腱炎・足底筋膜炎・かかとが上がりにくい…138
　　　腰痛・すべり症・分離・側弯症…139　　中足骨疲労骨折…140
　　　右股関節痛…140　　うまく回れない…141

おわりに（監修者の言葉）…142

装丁・デザイン／1108GRAPHICS　イラスト／庄司猛、丸口洋平
モデル／藤岡里沙乃（東京女子体育大学新体操部）、
　　　　高松怜（東京女子体育大学ジュニア・ユースクラブ）
撮影／矢野寿久
DTP／株式会社明昌堂
協力／東京女子体育大学新体操研究室、株式会社ハースコーポレーション

この本の活用方法
～モニタリングからコンディショニングの実践まで～

自分の癖を知り、動きを感じる

なぜ要求されている動きができないのか？
なぜ思った通りに動けないのか？
動いているつもりでも、できないのはなぜか？
それは、自分の身体をわかっていないからです！
この本は、それを解き明かす本です。

❶自分の姿勢を知り、そのゆがみを整えましょう。
P45－69のモニタリングを実施
コンディショニング後に変化を確認

　癖はなかなか直せないものです。直らなくてくじけそうになることもあるでしょう。そんなときは、身体が動きやすくなるコンディショニングを選んで行いましょう。

❷できない動き、注意される動き、自分で行いたい動きからコンディショニングを選びます。
P12の動きや身体の形の特徴から選ぶ
コンディショニング後に変化を確認

　自分では自分の動きがわらないこともあると思います。指導者の先生と一緒に動きを確認し、コンディショニングを選んで行いましょう。
　先生方がもしもよくわからなかったら、①を行いましょう。

❸リセットコンディショニングを行い動きやすくなったものから、アクティブコンディショニングを選びます。
P74―101のリセットコンディショニングを実施
コンディショニング後に変化を確認

リセットコンディショニングを行って動きやすくなったら、そのコンディショニングは正解です。続けることで演技は変わります。

どうなりたいか、どう動きたいかを明確にする！

　ただ動くだけでなく、自分の身体を感じることが大切です。重要なことは「どんな演技をしたいのか？」「どうなりたいのか？」です。
　私たちの筋肉は脳でコントロールされています。しかし、脳はできなかったことを多く記憶します。思う動きができないのはそのためです。そのイメージを置き換えることが大切なのです。
　どうなりたいかをひたすらイメージします。そのイメージが明確であればあるほど、望みは叶います。具体的な写真や映像などを見るのもいいでしょう。

1）まずは自分の現在（いま）を知ります。
　目をそむけず、よい悪いではなく、現在（いま）を自覚します。
2）どうなりたいかをイメージします。
　順位、動きなど、イメージが明確であればあるほど成功します。
3）この本は、どうすればいいかを書いています。
　できることを自分に正直に行いましょう。やれることをやれば必ず、結果はついてきます。

　これまで見てきた選手たちも、イメージングができれば成功しています。人間は弱いものですが、イメージできると強いのです。この本を読んで仕組みを知りましょう。その仕組みは科学です。それを理解できると、改善できる確信をつかめます。必ず役に立ちます！

動きや身体の形の特徴から
コンディショニングを選ぶ方法

特徴例	▶対応するP45〜69の モニタリング番号
● 脚の形がきたない（O脚、X脚）	▶ 1
● 膝が曲がる。※腰痛がある	▶ 2　7　9
● 反りが強く肋骨が突き出ている 　お尻が突き出て見える　※腰痛がある	▶ 3
● 頭の位置が定まらない 　首が前に出ている　※首がこる	▶ 4
● 腕の位置を保てない。※肩こりがある 　腕を真上に上げることができない 　無理に上げると姿勢が崩れる	▶ 5　11
● 脚を動かしたときに軸がぶれる 　つま先立ちが安定しない	▶ 6
● 足部の故障が多い 　※アキレス腱痛、足裏や足の甲に痛みがある	▶ 6
● 脚がぐらつき定まらない　※膝痛がある 　膝とつま先の向きが同じでない	▶ 2　7　9
● 開脚時に脚、軸がぶれる 　開脚が180度以上できない	▶ 8
● きれいに反れない 　反り方に左右差がある	▶ 10
● 腕を動かすと上体がぶれる	▶ 5　10
● スピリッツ（前後開脚）が180度以上できない 　空中で開脚が保てない	▶ 11

この本の活用方法

第1章

知っておきたい基礎知識

1 基本姿勢が大切なわけ
～それを作るのは筋肉の弾力とコア～

使いすぎの筋肉が引き起こす問題

　新体操の選手もフィギュアスケートの選手も、幼いころから専門的な練習を行っている子が多く、骨や筋肉ができあがっていないうちから技を練習しています。基本の動きが身についていない状態で筋肉に負担を強いることになります。1つの動きを行うときに、使わなくていい筋肉を使ってしまうのです。これを代償動作といいます。

　また、同じ動作を繰り返して同じ筋肉ばかりを使うために、オーバーユース＝使いすぎ症候群で故障をしてしまいます。代償動作も、オーバーユースも、ともに特定の筋肉だけを使いすぎて硬くしてしまうと、通常なら出るべき筋力が出なくなります。

　さらに競技の若年化により筋肉が硬くなることが、関節への弊害を生んでいます。使いすぎの筋肉は、骨の成長を妨げます。一般に成長痛ともいわれる、骨端症という成長期に起こるかかとや膝の痛みは、その代表的なものです。また、使いすぎの筋肉が引き起こす軟骨の剥離は、遊離骨（欠けた軟骨が骨化して、関節の中に存在する）の原因にもなります。この骨が存在している選手は多くいます。私もその一人です。

　そして、使いすぎの筋肉と同時に、使えていない筋肉も存在するようになり、これが姿勢のゆがみにつながります。使いすぎている筋肉も、使えていない筋肉も硬く、関節の可動にも影響を与えます。

　神経系ができあがるまでの期間（12歳まで）には、できるだけいろいろな動きを身につけさせ、「基本姿勢」といわれる姿勢を習得し、「基本の動作」を安定させたいのです。

　基本の動作とは、立ち姿勢や座り姿勢、歩きなどの姿勢のことです。

　多くのアスリートをみていくと、故障を起こす選手とそうでない選手とでは、幼いころの身体活動、生活姿勢に違いがあるようです。

　故障をしたジュニア選手の保護者の方に、生まれてから歩くまでの過

程を尋ねると、ハイハイをせずに立った子が多いことに気がつきます。ハイハイをしないで歩きはじめた我が子は運動神経がよいと勘違いをしている方は多いです。また、普段の生活姿勢がよくありません。椅子に座っている姿勢を見れば、家での生活が予想できます。「幼いころの身体づくりは、保護者に責任があります」とお伝えします。

　ですから、幼い子どもたちには、赤ちゃんにまでさかのぼって、コンディショニングを処方します。例えば、ゴロゴロと寝返り動作、ハイハイ動作、高這い動作などです。

　そして、学校で授業を受けるときの姿勢や、家での姿勢を正してもらいます。そうすることで、基本の姿勢がよくなります。

　では、基本姿勢を見てみましょう。

基本姿勢とは何？

寝姿勢
あお向けにきちんと寝られますか？

座り姿勢
脚を伸ばして床に座れますか？

座り姿勢
椅子にきちんと座れますか？

立ち姿勢
きちんと立てますか？

2 基本姿勢
~それを作るのは筋肉の弾力とコア~

あお向けにきちんと寝られますか？

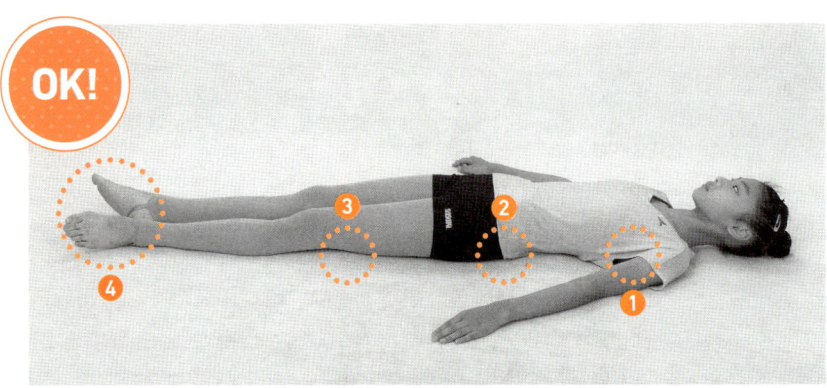

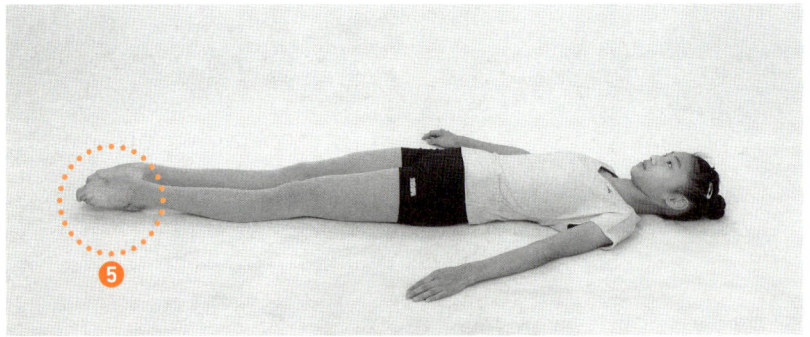

❶ 床についている背中の面積に左右差がありませんか？
　▶左右差があるのは回旋筋のアンバランス、寝返りの動作がうまくいってないのです。
❷ あお向けに寝たとき、腰が浮いていませんか？
　▶浮くのはコアの弱化です。
❸ 腿裏、膝裏が浮いていませんか？
　▶浮くのは腸腰筋、大腿四頭筋群の疲労（使いすぎ）です。
❹ つま先の力を抜いているときに足の開きに左右差はありませんか？
　▶左右差がある場合、骨盤・股関節周りの使い方に左右差があります。
❺ つま先を伸ばすとかかとが浮きますか？
　▶浮かないのは大腿四頭筋群の疲労（使いすぎ）です。

脚を伸ばして床に座れますか？

❶ 背中がつらい、丸くなる
　▶背骨周りの疲労（使いすぎ）、骨盤の後傾です。
❷ 膝が浮いていませんか？
　▶腿前の筋肉の疲労（使いすぎ）です。

※手は床から浮かせます。

椅子にきちんと座れますか？

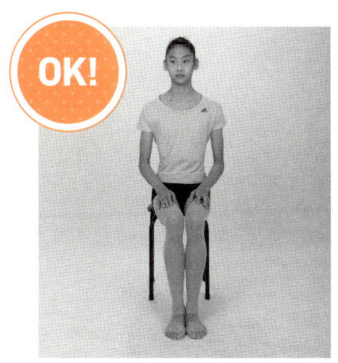 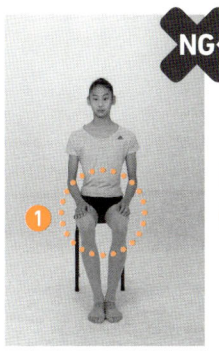

正面
❶ 膝を楽に閉じられませんか？
　▶中臀筋のアンバランス、骨盤底筋群、内転筋群の弱化があります。

 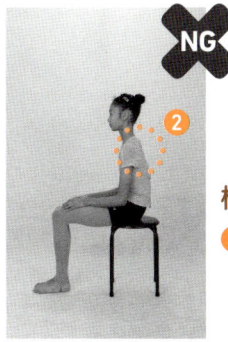

横
❷ 坐骨で座ると背中がつらくないですか？
　▶脊柱起立筋の疲労（使いすぎ）です。

きちんと立てますか？

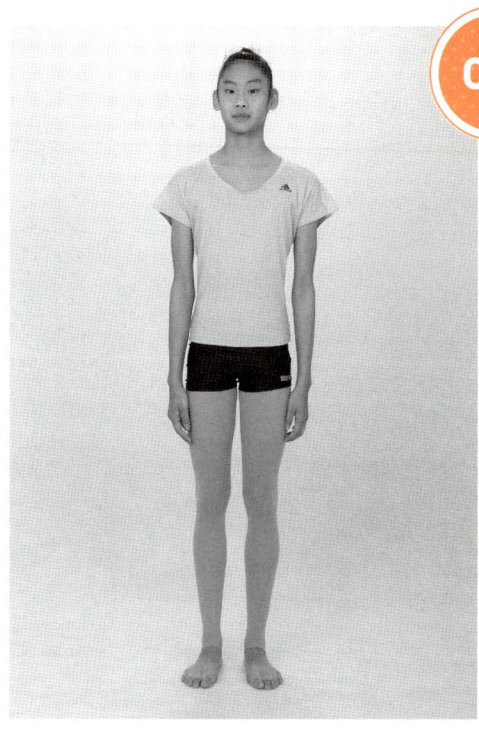

OK!

正面

❶ 肩の高さは左右で違いませんか（側屈）？
▶脊柱起立筋、腰方形筋の左右差、アンバランスがあります。

❷ 腕が身体の前に出ていませんか？
▶回旋筋にアンバランスです。

❸ 腕が身体から離れていませんか？
▶腕と肩甲骨周りの筋肉のアンバランスです。

❹ 脚の開きが左右で違いませんか？▶骨盤・股関節の筋肉のアンバランスがあります。

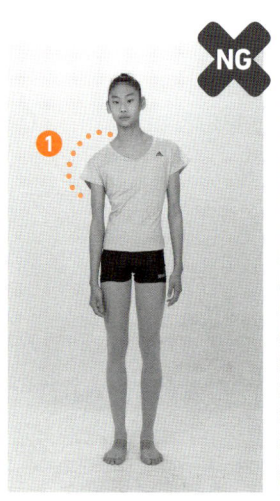

NG

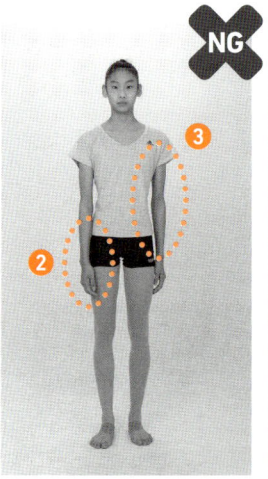

NG

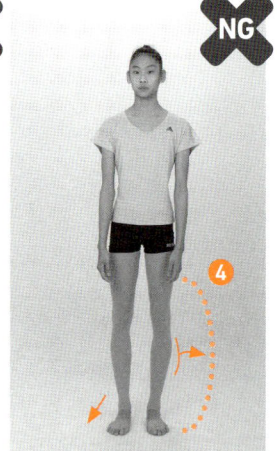

NG

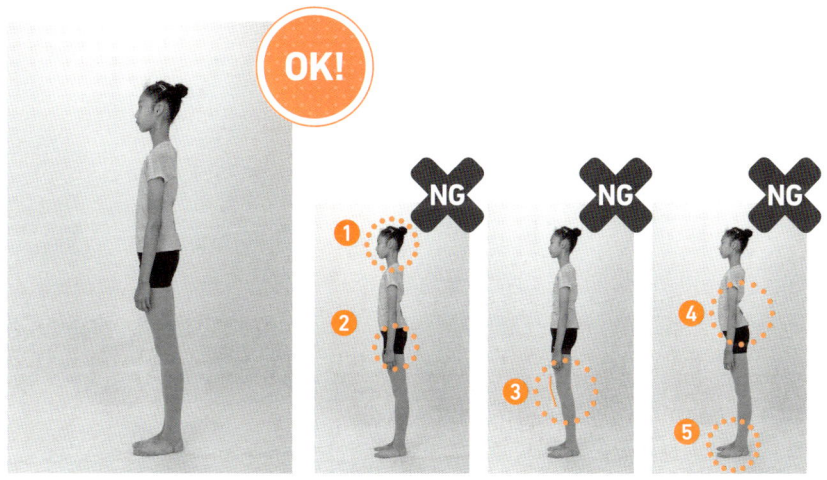

横
① 頭が前に出ていませんか？▶斜角筋、胸鎖乳突筋の疲労（使いすぎ）です。
② 股関節が曲がっていませんか？▶腸腰筋の疲労（使いすぎ）です。
③ 膝が曲がっていませんか？▶大腿四頭筋群の疲労（使いすぎ）です。
④ 反り腰▶背中の筋肉の疲労（使いすぎ）です。
⑤ 足の裏、3点（拇指・小指・踵）で立てない▶下腿、足指のアンバランスがあります。

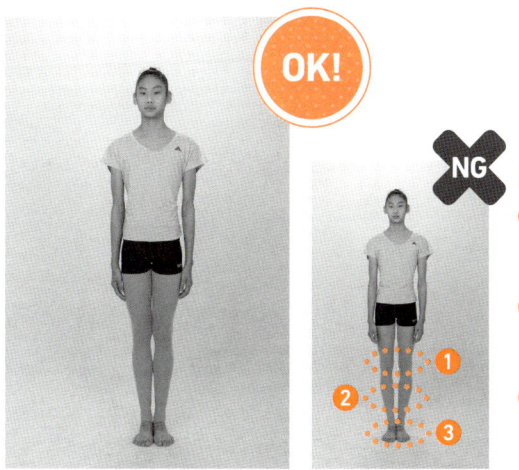

立位脚とじ
① 膝がつかない
　▶中臀筋前部、大腿筋膜張筋の疲労（使いすぎ）です。
② 下腿がつかない
　▶膝外旋筋の疲労（使いすぎ）です。
③ くるぶしがつかない
　▶膝内旋筋の疲労（使いすぎ）です。

いかがでしょうか？
このように基本的な姿勢から筋肉のアンバランスがわかります。

3 知っておきたい筋肉の話
～筋肉の仕組みと練習中の注意点～

効率よく早く効果を出すための法則

　基本姿勢がとれない、疲れやすい、練習中にパフォーマンスが落ちる、筋肉が張る、痛みが生じる……こんなとき、どのように考え、どうしようとするでしょう？　練習すると乗り越えられる、筋力トレーニングをするとよくなる、そう考えがちですね。
　しかし本当にそうなのでしょうか？
　動く身体を支えてくれるのは筋肉。パフォーマンスを発揮しているのも筋肉。このことを知ってほしいのです。そして筋肉の仕組み・働きにはきちんと法則があります。
　運動生理学、機能解剖学に基づいてトレーニングし、練習することが、効率よく早く、効果を出すことにつながります。そしてそれは、故障を予防することにもなるのです。
　練習を進めるうえで、知っておきたい筋肉の仕組みを紹介しましょう。あわせて練習中の注意点をあげておきます。

練習中、筋力を発揮できなくなる、疲れてパフォーマンスが低下するのは、同じ筋肉ばかりが使われるから。時折、反対の動きをすること。筋力トレーニングは拮抗筋を中心に！

　練習中は同じ動きを繰り返すことが多いですね。同じ動きの繰り返しは、「使われすぎの筋肉」と「使われていない筋肉」とが顕著になり、双方が硬くなります。筋肉が硬くなると、筋力低下や柔軟性の低下を招きます。それが疲労として現れるのであれば、一晩寝て、疲労回復をすればよいのですが、繰り返しとなると「身体のゆがみ」が生じます。そして、その先には故障という悲劇につながるのです。

筋収縮について

　まず、筋力を発揮する仕組みです。筋肉が筋力を発揮する際には必ず収縮をします。関節の角度を変えるときには、筋肉が伸びながら力を発揮する場合と縮みながら力を発揮する場合があります。この筋力の発揮の仕方には3種類の仕組みがあります（図1 筋力発揮の仕組み）。

1）筋肉が縮みながら力を発揮する「短縮性筋収縮」（コンセントリック・コントラクション）
2）筋肉が伸びながら力を発揮する「伸張性筋収縮」（エクセントリック・コントラクション）
3）動きをキープする場合、筋肉が長さを変えないで力を発揮する「等尺性筋収縮」（アイソメトリック・コントラクション）

図1　筋力発揮の仕組み

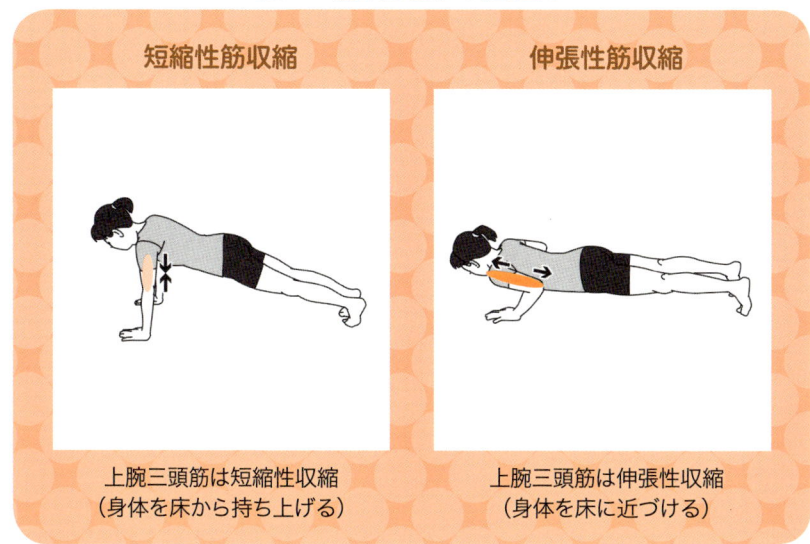

　演技をするときに、どの筋肉が力を発揮しているのかを考える必要があります。それは、筋肉の使いすぎを知ることができるからです。これはモニタリングで確かめられます。

筋肉の反射機構とは

筋肉は必ず表と裏の筋肉で動いている

　筋肉には、相反性の反射という反射機構があります。
　力を発揮している筋肉の反対側には、拮抗筋といわれる筋肉が必ずあります。力を発揮している筋肉とその拮抗筋は、裏と表の関係にあり、必ずワンペアで動いているのです。
　相反性の反射では、関節が動くとき、片方の筋肉が縮んで力を発揮すると、反対側の筋肉、つまり拮抗筋は弛緩して引き伸ばされます。このときこの筋肉は力を発揮していません。反対側の筋肉が自動的に緩むことで、筋肉が縮み、力を発揮できるようにしているのです。これを相反性の反射といいます（図2 相反性の反射）。
　たとえば、腿が上がりづらいときに、レッグカールを行うと、腿が上がりやすくなるのは、この反射の働きのためです。

図2　相反性の反射

大腿四頭筋は伸ばされながら力を発揮。ハムストリングスは縮んでいるが力は発揮していない。

股関節屈曲筋（腸腰筋など）は縮みながら力を発揮。股関節伸展筋（ハムストリングス）は伸ばされているが力を発揮していない。

反射は自動的に起こる身体の反応です。コンディショニングでは、その反応を利用して筋肉を効率よく整えます。

　使われていない反対の筋肉を使えば、使われすぎている筋肉は能力を回復します。使われすぎた筋肉は疲れて硬くなります。使われていない筋肉＝力を発揮しない状態の筋肉も、萎縮して硬くなっているのです。

　つまり使われすぎた筋肉も使われていない筋肉も硬くなり、動きが鈍ります。これによって生じるのが関節のゆがみです。ゆがんでいる身体というのは、筋肉のアンバランスが現れています（図3 ゆがみの仕組み）。

　コンディショニングでは、使われない筋肉を使う（トレーニングする）ことによって、関節のゆがみを生んでいる筋肉のアンバランスを正します。

- ●つま先立ちの動きが多い▶**トーアップ（つま先を上げる動き）**
- ●常に立位で動いている▶**レッグカール（膝を曲げる動き）**
- ●背中を反らす動きが多い▶**シットアップ（身体を曲げる動き）**

　そのため、コンディショニングでは、何もしていない自然に立ったときの姿勢で、筋肉のバランスを観察しています。

図3　ゆがみの仕組み

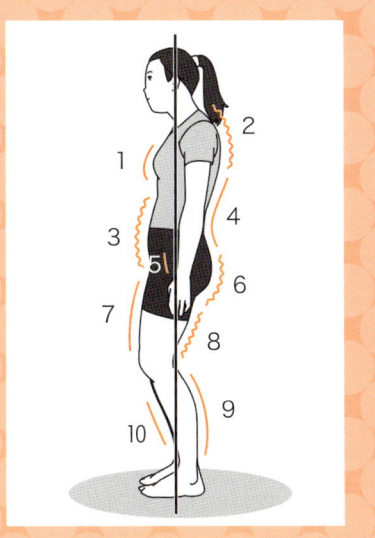

筋肉のアンバランスによるゆがみ

1　前鋸筋・小胸筋・大胸筋〇
2　僧帽筋中部・菱形筋△
3　腹直筋△
4　脊柱起立筋〇
5　腸腰筋〇
6　大臀筋〇
7　大腿四頭筋（大腿直筋）〇
8　ハムストリングス△
9　下腿三頭筋〇
10　前脛骨筋〇

〇：使われすぎの筋肉
△：使われていない筋肉

筋力を発揮すると縮み硬くなるが、直後は緩もうとする反射が（自動性の反射）起きる

　筋肉が力を発揮すると、その筋肉は収縮したまま、縮んだままになります。ですから、拮抗筋に力を発揮させるといいのです。これが先に書いた相反性の反射です。

　ここでもう1つ、筋肉の反射の話をします。筋肉の自動性の反射です。筋肉を使った後には必ず筋肉が硬くなります。その筋肉は、不具合を起こさないように、筋力を発揮した直後には、自動的に緩もうとするのです。

　その仕組みを利用したのが PNF というトレーニング方法です。PNFは、P＝proprioceptive、N＝neuromuscular、F＝facilitation の略称です。日本語では固有受容感覚神経促通法といいます。筋肉に抵抗をかけるなどして筋活動を促し、それによる反射を利用するトレーニング方法です。アイソメトリックな筋力トレーニング（等尺性トレーニング）の後にストレッチをすると柔軟性が上がるのは、この反射が利用されるからです。

　ですから、筋力を発揮した練習直後には、筋肉をしっかり伸ばすストレッチをすることが重要です。このときのストレッチは、反動や弾みをつけずに、ゆっくりと筋肉を伸ばし、その状態をしばらく保つスタティックストレッチが基本です。筋力を発揮した直後に行うのがポイントです。しばらく時間がたってからでは、次に説明する伸張反射が起こりますので、注意してください。

　筋力を発揮した直後には、しっかりスタティックストレッチをすること！

筋肉は伸ばされすぎると、危険を感じて硬くなる伸張反射がある

　さらにもう1つ、伸張反射といわれる筋肉の反射があります。伸ばされすぎを感じた筋肉は、危険を感じ、縮もうとする働きを起こし、硬くなります。これが伸張反射です。これは練習前のスタティックストレッ

チで注意したい点です。練習前の筋活動をしていない筋肉をいきなり伸ばそうとすると、この反応が起こり、かえって硬くなります。
　身体の柔軟性が問われる表現スポーツでは、ウォーミングアップで柔軟体操を激しくガンガンやっています。しかしその結果、伸張反射を起こしている選手が大勢います。
　骨盤をしっかり立たせたいのに、お尻を突き出したような姿勢になっている選手たちがいますが、これは股関節周りの筋肉が伸張反射を起こして硬くなってしまっているのです。
　では、どうすればよいのでしょうか。あとで説明するリセットコンディショニングという種目を、まずは練習前に取り入れてください。

　練習前のウォーミングアップには、リセットコンディショニングで筋肉を整えて！
　スタティックストレッチは筋力を発揮した後に！

　ここで紹介した反射機能は、普段行っている練習では無意識下で起きてしまっています。そして、動く癖や身体のゆがみなどを無意識に引き起こしているのです。
　言い換えれば、これらのことを知って身体を整えていけば、筋肉の正しい反応を出すことができます。この反応のことを考えると、質の良い筋肉というのは、神経伝達がスムーズで、反射がきちんと起きている筋肉です。
　そしてその状態は、筋肉に弾力がある……モチモチと柔らかいのです。収縮力、伸展力、そして指令をきちんと受け取り伝える能力も、弾力性に富んだ状態の筋肉が優れています。素晴らしい選手の筋肉は、つきたてのお餅のように柔らかいのです。
　柔軟性がある身体のことを多くの方が思い違いをしています。関節の可動が広がることと、筋肉の弾力性がある状態とは違います。関節は広がるけれど、筋肉は硬いという選手もいます。柔軟性のある身体＝関節が柔らかく動き、かつ筋肉も弾力性のある状態を目指したいのです。
　その他トレーニングで知っておきたい筋肉の反応を書いておきます。

知っておきたい筋肉の反応

筋肉に意識を向けると、筋肉は硬くなる

　筋肉はこれらの反射とともに、意識をすると緊張する、言い換えると、筋力を発揮しようとする（＝硬くなる）という性質をもっています。ですから、トレーニングする場合、鍛えたい筋肉、使いたい筋肉は、イメージすることが大切なのです。筋肉の図を見ることは、筋肉をイメージできるようになるための大切なイメージトレーニングです。この本では、その筋肉がわりやすいように、解剖図も時折入れながら話を進めます。

　筋肉をトレーニングしたい場合は使いたい筋肉を意識する。
　筋肉を意識ができない場合は、その筋肉に触れる。

　その反対に、筋肉に弾力を取り戻そうとする際に、その筋肉を意識すると、その筋肉には「縮みなさい」という命令が下ります。しかし、筋肉は弛緩（力を発揮しない）しようとしているわけですから、混乱を起こす結果になります。筋肉に弾力を取り戻そうとする際は意識しないように気をつけたいことです。

　リセットしたい筋肉、ストレッチしたい筋肉には意識を向けない。

　この本で紹介するリセットコンディショニングは、人間の疲労回復の原理を応用した方法です。驚くほど筋肉が回復します。楽しみにしておいてください。

精神的な緊張は、上位頸椎周りの筋肉に緊張を与え、全身が硬くなる

　試合のときなど、精神的な緊張が高まると、私たちの筋肉は緊張し、硬くなります。その大元は首の筋肉だということが、研究でわかってき

ました。「うつ病」などの精神障害の方々も、首の筋肉が硬くなっていることもわかっています。上位頸椎（頸椎1〜4番）に関係している筋肉をリセットコンディショニングすることで、試合前の緊張やストレスからくる、筋肉（＝身体）の緊張を緩和することができます。

　また、上位頸椎に関係している筋肉は、呼吸とも関係の深い筋肉です。ですから、コアトレの基本である呼吸のトレーニングをすることで、軸ができるばかりか、緊張緩和もできると考えています。

　緊張したら頸椎のリセットコンディショニング。
　コアトレ（呼吸）で軸づくりとともに、緊張緩和、ストレス解消。

まとめ コンディショニング的 知っておきたい筋肉の仕組み 10

❶ 練習中に筋力低下を感じたら、反対の動きを行う。

❷ 補強の筋力トレーニングは主動筋ではなく、拮抗筋のトレーニング。

❸ ウォーミングアップには、リセットコンディショニング。

❹ 筋力を発揮した直後には、しっかりスタティックストレッチ。

❺ スタティックストレッチは筋力を発揮した後に。

❻ リセットしたい筋肉、ストレッチしたい筋肉には意識を向けない。

❼ 筋肉をトレーニングしたい場合は、使いたい筋肉を意識。

❽ 筋肉を意識ができない場合は、その筋肉に触れる。

❾ 緊張をしたら頸椎のリセットコンディショニング。

❿ コアトレ（呼吸）で軸つくりとともに、緊張緩和、ストレス解消。

4 もっと知ってほしい筋肉の話
～姿勢を安定させる筋肉とコアトレ～

筋肉は脳の反応で動いています

　動きを作る筋肉と姿勢を安定させる筋肉のお話をしておきましょう。
　人間が動くという作業においては、脳が動きを命令し、身体を動かします。アウトプットの最終組織が筋肉なのです。私は、「筋肉は人生の履歴書」と常々伝えています。少々大げさかもしれませんが、筋肉の癖は、考え方、生き方までも反映していると、私は思っています。
　筋肉は、脳から脊髄（背骨）を通して伝わった命令を、さまざまな筋肉との連携によって実行しているのです。それが動きです。
　たとえば、「怖い」と思ったら肩をすくめる。「よっしゃー」と思ったら拳を握る。こうした自然に出てくる動作も筋肉が表現しますし、競技で表現する訓練された動作もそうです。すべての動きは筋肉が実施します。その筋肉は、体性神経（＝感覚神経と運動神経）でコントロールされています。感覚神経が身体の位置感覚をとらえ、運動神経が筋肉へ信号を送り、動きを体現化するのです。

図4　筋肉と体性神経の働き

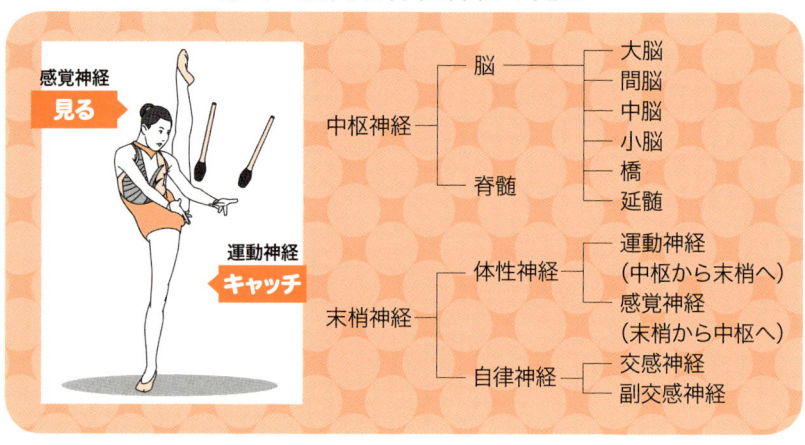

動きを作る表層筋と
姿勢を安定する深層筋の簡単な話

　筋肉は2種類に分類されます。1つは動きを表現する表層筋の働きです。骨格筋は、随意筋（意図して動く筋肉）ともいいますが、すべての骨格筋がそうだということではありません。意識して動ける筋肉は、表側にある大きな筋肉たちです。関節の動きを実行し、身体を動かし、動きを表現するのが表層筋です。ジャンプしたり、動きを表現したりというように働きます。
　もう1つは深層筋です。深層筋は隣り合った骨を1つ1つつなぎ、骨格の安定を図ります。身体の位置を察し、骨の位置関係を調整するのです。
　深層筋がきちんと働くと、
・ジャンプの際に軸が安定し、空中姿勢などがきれいに見えます。
・身体がぶれず、手足が自在に動きます。力みのないフォームになります。
　フォームの安定には、この深層筋が働いています。

姿勢・フォームを安定するコアという筋肉

　深層筋の代表的な筋肉がコア（横隔膜・腹横筋・多裂筋・骨盤底筋群）といわれる筋肉です（P30、図5）。これは軸を作ってくれる筋肉たちです。
　競技力向上のために、筋力トレーニングは、重要なトレーニングだと考えられています。これは表層筋のトレーニングです。筋持久力、最大筋力、瞬発力など、その力の質に応じて、筋力トレーニングを組み立てます。
　その際に力がうまく伝わるために、また、しなやかな動きや無駄のない動きのためには、深層筋をトレーニングする必要があります。
　表現スポーツでは、技の難度を上げること、柔軟性を高めることなどがトレーニングの要素として重要だと考えられています。そのため、バレエレッスンなどを行っている選手が多いようです。しかし、バレエレッスンのときのフォームを見ていると、深層筋が安定せず、表層筋の代償動作を伴って動いています。コアの筋肉が使えていない状態で、こうし

図5　コアの筋肉

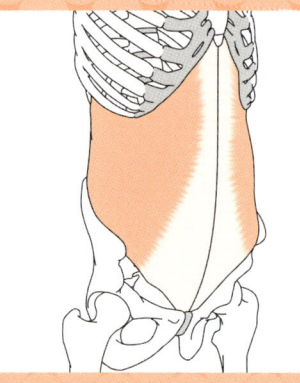

腹横筋●おなかを包み込むように一番奥に位置している。ちょうどおなかに帯を巻いているようなイメージ。「呼吸のとき横隔膜と連動して動く」「背骨を支える筋肉」「腹圧を上げる」などの働きがある。

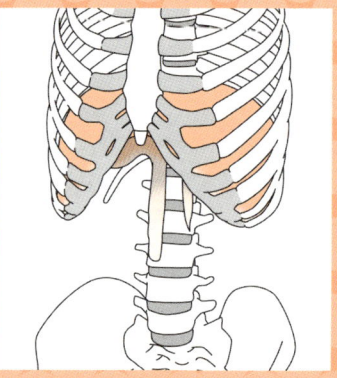

横隔膜●胸郭と腹腔の間、界面に位置している。腹横筋と共同して働き、胸郭と腹腔の圧力をコントロールしている。呼吸に関係し、呼吸を意識することで多裂筋、骨盤底筋群の収縮を引き出し、姿勢を安定させる。

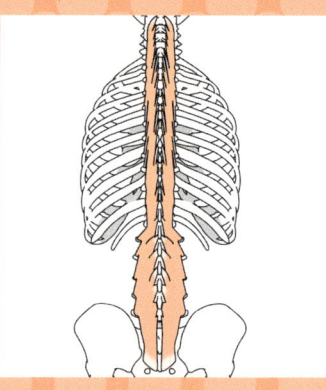

多裂筋●背骨の横にある横突起と中央にある棘突起を2つまたいで斜めについている。腰下部では仙骨にもつながり、腰部の安定性に大きく関与。背骨全体を支え、股関節、体幹、骨盤の動きの際にも安定させる。

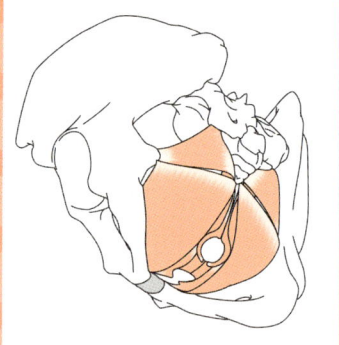

骨盤底筋群●骨盤を下からハンモック状に支えており、恥骨から仙骨に付着する。肛門挙筋と骨盤の外側を形成する内閉鎖筋からなる。下部腹腔と関係し、腹横筋とほぼ同時レベルで収縮して骨盤を安定させる。

た動きを何度も繰り返すと、動き方に癖がついてしまうのです。

　ズバリ、教えましょう。表現スポーツの基本トレーニングは「深層筋のトレーニング」です。その中でも、コアの筋肉を正しく使えるようする「コアトレーニング」（コアトレ）です。

　コアが安定して、軸ができることで、しなやかな、美しい動きを手に入れることができるのです。

　きれいなフォームは、深層筋によって骨格を安定さえることができています。深層筋が身体の中心である骨格を安定させることで、末端にある手足のしなやかな、自由な動きが手に入ります。深層筋にはたくさん種類がありますが、なかでも軸を作る「コア」と呼ばれる筋肉は、図5で紹介した、横隔膜、腹横筋、多裂筋、骨盤底筋群の4つです。

　これらの筋肉は、人間が本来持っている機能を担っています。その機能は、赤ちゃんが生まれてから二足歩行ができるようになるまでの過程で自然に行われているトレーニングによって獲得されています（P33、図6参照）。

　コアの機能には、呼吸筋である横隔膜と腹横筋の関係にカギがあります。息を吸うときには横隔膜が働き（収縮する）、息を吐くときには腹横筋が働き収縮します。腹横筋は呼吸筋ではありませんが、息を吐くときに縮むことがわかっています。この腹横筋が収縮すると、多裂筋は背骨と背骨の距離を保ち安定させ、骨盤底筋群は骨盤を安定させます。背骨、骨盤が安定することによって軸ができる、というわけです。

赤ちゃんが立ち上がるまでの過程でコアはトレーニングされる

　背骨、骨盤の安定が獲得される過程は、生まれた瞬間から赤ちゃんが2本の脚で歩けるようになるまでの経過のなかにあります（図6）。コンディショニングでは、その過程を再現します。

　赤ちゃんは生まれてすぐは、あお向けの状態で「おぎゃ〜おぎゃ〜」と泣くことしかしていません。泣くのは赤ちゃんにとって大切なこと。これは強く息を吐いている（＝呼吸）のと同じだからです。この間に、多裂筋のトレーニングが行われます。生後3ヵ月くらいになると首がす

わり、6ヵ月くらいになると、寝返りをうち、回旋運動ができるようになります。回旋とはうしろに振り向く動きです。ここまでが、身体を支えるコア（横隔膜・腹横筋・多裂筋・骨盤底筋群）単独の反応のためのトレーニングです。

　そしてここから、身体を反る、そして骨盤と背骨の連動、股関節と背骨の連動、手の動きと背骨の連動と、それらとコアの連動をトレーニングしているのです。うつ伏せになった後は、手で突っ張って背中を反らせたりしています（＝体幹部、多裂筋）。そしてさらにもう6ヵ月の間に、ハイハイ、高這いなど、よつ這いで手足を動かします（＝手足の安定と軸）。こうして骨盤の動きと背骨、股関節の動きを作る動作を繰り返しながら、お座りや膝立ち、そしてつかまり立ちができるようになります。ここで、骨盤底筋群がトレーニングされているのです。

コアトレでは、発育発達の過程を再現します

❶呼吸コンディショニング
息をちゃんと吐ける基本のコアトレ

❷軸づくりコンディショニング
回旋運動を再現する

❸体幹部のコンディショニング
背骨を反らせるなど、軸の安定を狙う

❹うつ伏せのコンディショニング
多裂筋の正しい反応を引き出す

❺よつばいのコンディショニング
手足の安定と軸の連動

❻膝立ちのコンディショニング
手足と体幹の連動

❼立位のコンディショニング
足裏の姿勢と重力の連動

図6　赤ちゃんが生まれてから歩くまでに行うトレーニング

大泣き
4つの深層筋のトレーニング

首がすわる
頸椎のトレーニング

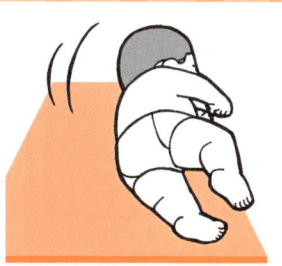
寝返りをうつ
背骨の回旋トレーニング

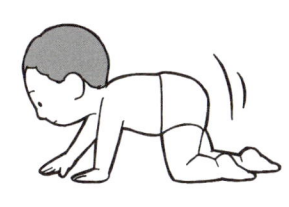
ハイハイ
背骨の屈曲伸展、側屈のトレーニング

つかまり立ち
足裏の筋肉、バランス感覚トレーニング

歩く
バランス感覚トレーニング、
筋肉と運動のリンクトレーニング

表現スポーツとは何か

新体操などのスポーツとダンス全般をいう

　この本のタイトルでもある「表現スポーツ」とはどんなスポーツのことを指すのかと思われる方がいらっしゃると思います。表現スポーツとは、新体操はもちろん、フィギュアスケート、バレエ、ジャズダンスなどダンス全般を指します。

　私は長年にわたってクライアントである選手たちの身体をみてきました。この本では、選手たちの身体の筋肉の分析と、指導経験を通して伝えたかったことを書かせていただきました。

　最初にかかわった表現スポーツはバレエでした。今では世界レベルで活躍しているバレエダンサーですが、その方が小学生のころに出会い、それまでの想像を超える背骨への負担の大きさを知り、心から驚きました。

　フィギュアスケートは、世界レベルからジュニアまでみていますが、疲労骨折で仙骨という背骨の骨が裂けたジュニア選手がおり、ジャンプの衝撃の凄さに驚かされました。

　ダンスの方々の身体を酷使する練習にも驚かされました。どんなに痛くても跳ばなければならないと、テーピングをグルグルに巻いて舞台を目指します。故障はいっこうに治らず、精神状態にまで影響を来たした方を何人も見ました。とても過酷な世界です。

　そして3年前から始まったのが新体操のコンディショニング指導です。新体操のコーチである秋山エリカ先生との関係は非常に良好です。選手に直接指導をしていても、指導者の方とのつながりがなければ、選手の感性に訴えかけるしかないのですが、指導者といい関係を築くことができると、指導者の考えを通じてそのスポーツの神髄がわかります。

　「こんなふうに動かしたい」という指導者の方々の意見は、私たちトレーナーに大きなヒントを与えてくれます。どうしたいかがみえれば、どうコンディショニングすればいいかはわかります。

　シンクロ・チア・器械体操なども表現スポーツといえます。私が指導したことのないスポーツの指導者の方ともぜひ語り合いたいものです。

第2章

よくわかる
コンディショニング

1 コンディショニングとは
～2つの方法で筋肉を整え働くようにする～

コンディショニングの定義

　ここでコンディショニングという、筋肉を整える方法をご紹介します。

> コンディショニングの定義
> リセットコンディショニング（Reset Conditioning）と
> アクティブコンディショニング（Active Conditioning）
> という2つの方法で、人体650の筋肉の調整と再教育で
> 「Good Condition」を実現するメソッドです。

と…このようにお伝えしています。

コンディショニング

リセットコンディショニング
筋肉の調整
＝筋肉の弾力を取り戻す

アクティブコンディショニング
筋肉の再教育
＝筋肉が働くようにする

2 リセットコンディショニングとは
~筋肉を使いやすい弾力のある状態に戻す~

脱力した状態で関節を他動的・受動的に動かす

　リセットコンディショニングとは、硬くなっている筋肉を（使えていても使えていなくても）、使いやすい弾力のある状態に戻す方法です。

　この原理は、寝返りで疲労回復する方法の再現です。人間は寝ている時間に疲労回復します。寝返りは、寝ている状態で無意識下に、関節を動かしています。このとき筋肉は、疲労回復するために緊張を解いています。筋収縮が起こらない（力を発揮することのない）状態で関節が動いているのです。しかし、筋肉を酷使していたり、睡眠環境がよくなかったりすると、緊張がとけなかったり、寝返りがうてなかったりして、寝ている間に回復ができない状態になってしまいます。

　リセットコンディショニングは、寝返りを真似て関節を動かすことを行います。脚であれば手で他動的に動かし、肩や背骨であれば他の部位に意識を向けて受動的に動かします。こうすることによって、筋肉と筋膜の間や、関節に隙間ができます。そして血流が増すこともわかっています（エビデンス1）。その結果、動きやすい筋肉に戻るのです。

エビデンス1

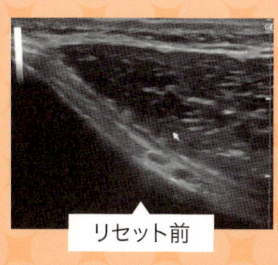

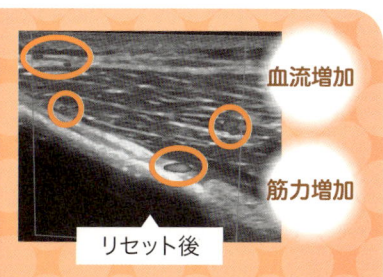

| リセット前 | リセット後 |

血流増加
筋力増加

股関節クルクルトントンを実施した後、内側広筋の動脈枝に血流・還流が増加（○で示す）。膝伸展筋力が実施前後の比較で40％増加。
（※股関節クルクルトントン：股関節・膝の屈曲・伸展と股関節内外旋運動）

ドクターとの共同研究で、リセットコンディショニングの実施後に筋力が40％上がることもわかりました。これはトレーニングによって筋力が上がったという類ものではありません。力を出せなくなっていた筋肉が働くようになった、つまり筋肉の機能が回復したということです。

リンパ節や硬い筋肉をおさえながら筋肉を動かす

　他動的や受動的に動かしても筋肉が硬いままのときには、老廃物の処理がうまくいっていないと判断し、リンパ節や筋肉に直接アプローチする方法をとります。リンパ節をおさえながら、そこに関係している筋肉を動かします。こうすることによって、驚くほど血流が上がることがわっています（エビデンス２）。

　リンパはリンパ管とリンパ節からなり、身体の下水道システムの役割を担っています。動脈（栄養分や酸素を運ぶ）と静脈（余分な水分や二酸化炭素を運ぶ）と同様に身体中に張り巡らされ、身体に入ってくる外敵を処理します。使われなかったエネルギー源のカス、ウイルスや化学物質など、身体に必要のないものを体外へ排出するのです。筋肉の動きにはこの働きが重要で、リンパが滞ると筋肉の反応が悪くなります。

　また、リンパは筋肉が収縮を繰り返すことで、正常に働きます。リンパ節を圧迫して筋肉を動かすことでもリンパは還流します。

エビデンス２

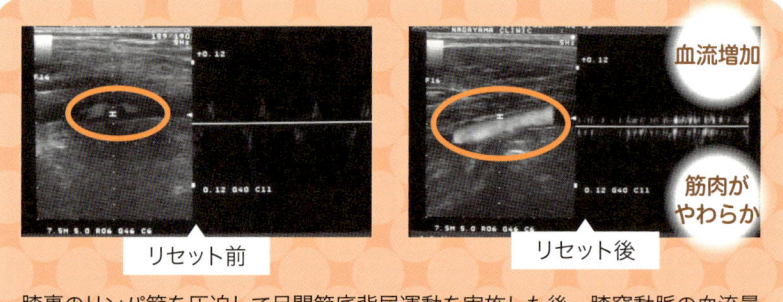

リセット前　　　　リセット後

血流増加
筋肉がやわらか

膝裏のリンパ節を圧迫して足関節底背屈運動を実施した後、膝窩動脈の血流量（◯で示す）が大幅に増加。筋肉がやわらかくなった。

このやり方のリセットコンディショニングを実施する前後の超音波画像を比べると、実施後には膝の裏にある動脈の血流が増加していることがよくわかります。その結果、硬かったふくらはぎが、コンディショニング終了後には驚くほど柔らかくなります。これが老廃物が処理され、弾力を取り戻した筋肉です。

筋肉を動かすことで機能の回復を図る

　筋肉の硬くなっている部分を、自分でもんだりおしたりすることで回復した気になっていることもありますが、もみ方やおし方を間違うと筋肉が傷つくこともあります。そういった手法とリセットコンディショニングとは根本的な考え方が違います。

　自分で行うリセットコンディショニングの方法は、筋肉を動かすことによって筋肉の機能を回復することを狙っています。

　リセットコンディショニングは、何回、何セットというように、実施する回数は指定しません。行う目安は実施前後での感覚の違いです。終了後に違いが出ることを、自分自身で感じていただきたいのです。

リセットコンディショニングのポイント

・筋肉に意識を向けない。
・脱力して関節を動かす。
・リンパ節や硬い筋肉をおさえて筋肉を動かす。

リンパ管とリンパ節の仕組み

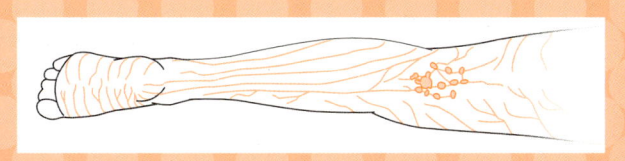

膝の裏は老廃物のたまりやすい場所。「コリ」っとしている部分が膝窩リンパ節。

3 アクティブコンディショニングとは
~使えていない筋肉を使えるようにする~

まずはコアトレ。息を吐き、軸を安定させる

　アクティブコンディショニングは筋肉の再教育と言っています。使えていない筋肉を使えるようにします。まずはコアの再教育（コアトレ）です。きちんと息を吐けるようにすることで軸が安定するのです。

　息を吐くことくらい誰でもやっていると思うかもしれません。ところがそうでもないのです。息がきちんと吐けていないために、パフォーマンスが低下している選手がたくさんいます。

　息を吐いて軸を安定することは人間の持っている反応の1つですので、これを取り戻すと自然に軸が安定してきます。これによる選手の反応は、ふらつかない、ジャンプが楽になった、クルクル回れるなど、パフォーマンスの向上を感じるようです。

　筋肉の変化は、下の写真のように腹横筋が分厚くなります。

　息を吐くと、腹横筋が働き、多裂筋が椎間を安定させ、骨盤底筋群が骨盤を安定させる。このような連動が起きるのです。その結果、筋力は、20～40%の筋出力のアップが図れます（エビデンス3）。

エビデンス3

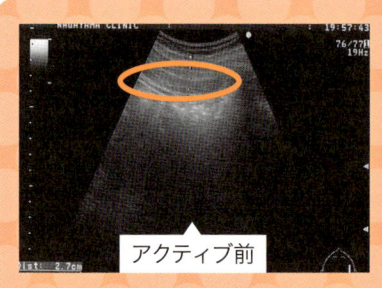

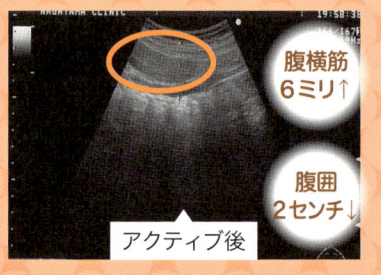

ストロングブレスを実施した後、腹横筋（○で示す）は6ミリ厚くなり、腹囲は2センチ減少した。筋力は20～40%アップした。

使えていない筋肉をトレーニングする

　このようなことから、まずはコアを使えるようにすること、そして、軸を安定させて、筋肉をトレーニングすることが大切です。そのトレーニングする筋肉は、使えていない筋肉にフォーカスします。

　筋肉の使い方には癖があることはお話ししてきました。その癖によって、使いすぎる筋肉と使えていない筋肉が、身体の中でできあがります。表現スポーツの選手では、使えていない主な筋肉はある程度わかってきています。その筋肉は、「上腕三頭筋・前鋸筋・頸椎伸展筋・腹直筋下部・ハムストリングス・内転筋群・中臀筋後部・股関節外旋筋・背屈筋群」です。これらは、競技で使わない、言い換えるとよく使う筋肉の反対側の筋肉です。

　最後に、これら使いすぎる筋肉と使えていない筋肉のバランスを整えることで、ゆがみは解消されますが、それとともに、スキル練習をしていないのに動きもよくなります。これは、使えていない筋肉が使えるようになることにより、元々もっている筋力が発揮されるようになるからです。

　使えていない筋肉は、動かそうと意識してもなかなかその信号を受け取りません。アクティブコンディショニングでは、筋肉が動かしづらいときは、その筋肉をさすりましょう。さすることによる刺激で反応をよくして、筋肉を動かしやすくするのです。これを促通といいます。

アクティブコンディショニングのポイント

・正しいフォームで行う。

・息を吐きながら動かす
（20～30回動かす。最初は連続でなく分けて行ってもOK）。

・動かす筋肉を意識する（意識がとても大切）。

COLUMN #2 姿勢とコアと軸

軸はすべてのスポーツに必要な身体要素

　私はコアトレのスペシャリストとして、たくさんのスポーツ選手をみてきました。

　表現スポーツ以外に、テニス、陸上競技、ゴルフ、バレーボール、サッカー、野球、アメフト、格闘技など、どんなスポーツをみるときにもモニタリング（姿勢の観察）を行い、筋肉のバランスを確認していきます。その筋肉のバランスを整えるのがコンディショニング、つまりコアトレです。

　どのスポーツも、身体を安定させ、手脚を自在に動かすことが、いいパフォーマンスを発揮するための原点といえます。筋力の発揮の大きさ、パワーなどそれぞれのスポーツで違いますし、身体の動かし方も違います。最終的な表現は、それぞれ全く異なりますが、目指すことは共通しています。それは「よいフォーム」です。よいフォームは、パフォーマンスを発揮するうえでの、目に見える指標です。

　よいフォームの基本は、この本で伝えたい「姿勢」です。その姿勢を作っている深層筋を整えることです。深層筋、つまりコア（横隔膜・腹横筋・多裂筋・骨盤底筋群）を安定させると、どんなふうに動いても、その動きが安定するのです。軸がグラグラしなければ、動きは安定します。

　私たちコンディショニングトレーナーは、フォームを分析できなくても、日常的な姿勢を見ることで、筋肉のバランスを分析することができます。

　この筋バランスこそ、すべてのスポーツに共通していることです。選手たちにはゆがみを整えることが「伸びしろ」と伝えます。ゆがみが整うということは、筋バランスが整うことで、パフォーマンスの向上につながるのです。

　まずはきちんと呼吸できる、そして、寝れる・座れる・立てる・歩けるという基本の姿勢を整えると、フォームは見事に改善し、いいパフォーマンスを発揮できるのです。

第3章

選手のための
モニタリング

表現スポーツ選手のモニタリング
～コンディショニングの前に自分の身体を観察する～

モニタリングで望ましい姿勢を自己確認

　筋肉の仕組みは理解できましたでしょうか。理解できたところで、まずは自分自身の身体を観察しましょう。

　第1章では基本姿勢が大切であることをお話しました。そして「基本姿勢」による身体の観察方法を紹介しました。つまり、秋山先生がおっしゃっておられる「ちゃんと立てる」「ちゃんと座れる」「ちゃんと寝られる」姿勢の確認です。

　しかし、自分自身で正しい立ち姿勢、座り姿勢（長座・椅子座）、寝姿勢を確認することは、選手には意外に難しいようです。そこで、選手のみなさんが自己確認できる方法をご紹介しましょう。

　自己確認はいくつかの姿勢をとります。もしも望ましい姿勢がとれない場合には、そのままではフロアーには立ってほしくありません。望ましい姿勢をとれない場合は、リセットコンディショニングとアクティブコンディショニングで身体を整え、そのうえで練習に臨みましょう。

表現スポーツ選手のモニタリング

1. 膝、ふくらはぎ、くるぶしがちゃんとついてほしい
2. 膝裏がついてほしい
3. 腰がついてほしい
4. 頭をつけたまま、うなずくことができる
5. 背中をつけたまま、腕を上げることができる
6. かかとをつけたまま、つま先立ちできる
7. 膝が正面を向いてほしい
8. 開脚が180度以上できてほしい
9. 膝から下がついてほしい
10. しっかり反ってほしい
11. スピリッツ（前後開脚）で180度以上開いてほしい

1 立位（脚を閉じて立つ）
膝、ふくらはぎ、くるぶしがちゃんとついてほしい

モニタリング

OK! / NG

両脚を閉じて立ったとき、正面から見て両膝、両ふくらはぎ、両くるぶしが離れず、きちんとくっついているか確認！

膝、ふくらはぎ、くるぶしがつかない

表現スポーツでの技術上の問題
脚のラインがきれいに見えず、軸がぶれてしまう

膝がつかない人 ▶ 股関節が内旋しているため

つまり
- 中臀筋前部・大腿筋膜張筋の疲労（使いすぎ）
- 大腿四頭筋の疲労（使いすぎ）

どうする

リセット	リセット	アクティブ
股関節・膝の屈曲の基本リセット	大腿四頭筋	中臀筋後部、外旋六筋、内転筋群

ふくらはぎがつかない人 ▶ 膝下が外旋しているため

つまり
- 膝外旋筋の疲労（使いすぎ）

どうする

リセット	アクティブ
大腿二頭筋、大腿筋膜張筋、大臀筋	半腱・半膜様筋、薄筋、縫工筋

くるぶしがつかない人 ▶ 膝下が内旋しているため

つまり
- 膝内旋筋の疲労（使いすぎ）

どうする

リセット	アクティブ
半腱・半膜様筋、薄筋、縫工筋	大腿二頭筋、大腿筋膜張筋、大臀筋

リセットコンディショニング

膝がつかない

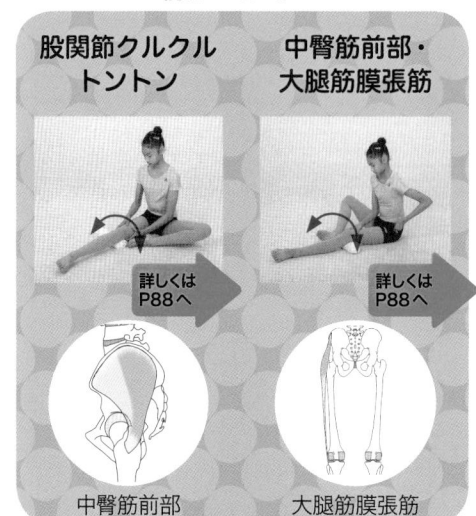

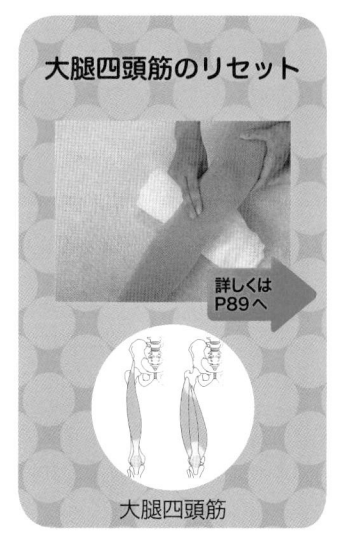

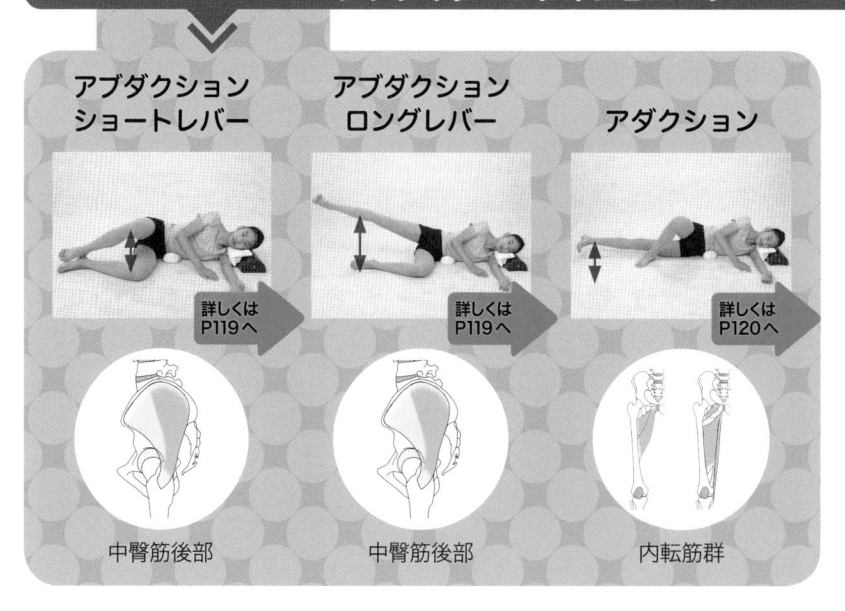

股関節クルクルトントン
詳しくはP88へ
中臀筋前部

中臀筋前部・大腿筋膜張筋
詳しくはP88へ
大腿筋膜張筋

大腿四頭筋のリセット
詳しくはP89へ
大腿四頭筋

アクティブコンディショニング

アブダクションショートレバー
詳しくはP119へ
中臀筋後部

アブダクションロングレバー
詳しくはP119へ
中臀筋後部

アダクション
詳しくはP120へ
内転筋群

第3章 ● 選手のためのモニタリング

リセットコンディショニング

ふくらはぎがつかない
膝外旋筋のリセット

詳しくはP92へ

大腿二頭筋　大腿筋膜張筋　大臀筋

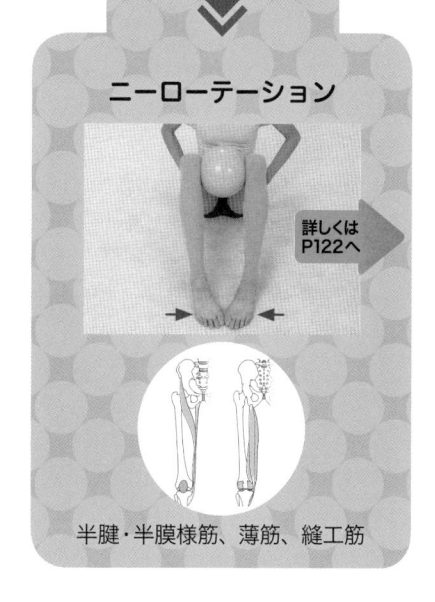

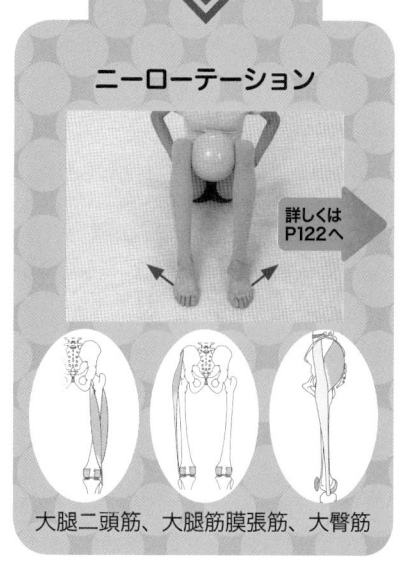

くるぶしがつかない
膝内旋筋のリセット

詳しくはP92へ

半腱・半膜様筋、薄筋、縫工筋

アクティブコンディショニング

ニーローテーション

詳しくはP122へ

半腱・半膜様筋、薄筋、縫工筋

ニーローテーション

詳しくはP122へ

大腿二頭筋、大腿筋膜張筋、大臀筋

2 立位（壁にかかとをつけて立つ）
膝裏がついてほしい

モニタリング

OK! / NG

壁にかかとをつけて立ったときに膝裏が壁についているか確認！

膝裏がつかない
膝裏がついている

表現スポーツでの技術上の問題
膝が緩みやすく、軸がぐらつく

膝裏がつかない人 ▶ 股関節・膝が屈曲しているため

つまり
- 腸腰筋の疲労（使いすぎ）
- 大腿四頭筋の疲労（使いすぎ）

どうする

リセット	＋	リセット	＋	アクティブ
股関節・膝の屈曲の基本リセット		腸腰筋 大腿四頭筋		ハムストリングス 外旋六筋

リセットコンディショニング

股関節・膝の屈曲の基本リセット

股関節クルクルトントン

詳しくはP87へ

中臀筋・大腿筋膜張筋

詳しくはP88へ

リセットの続き

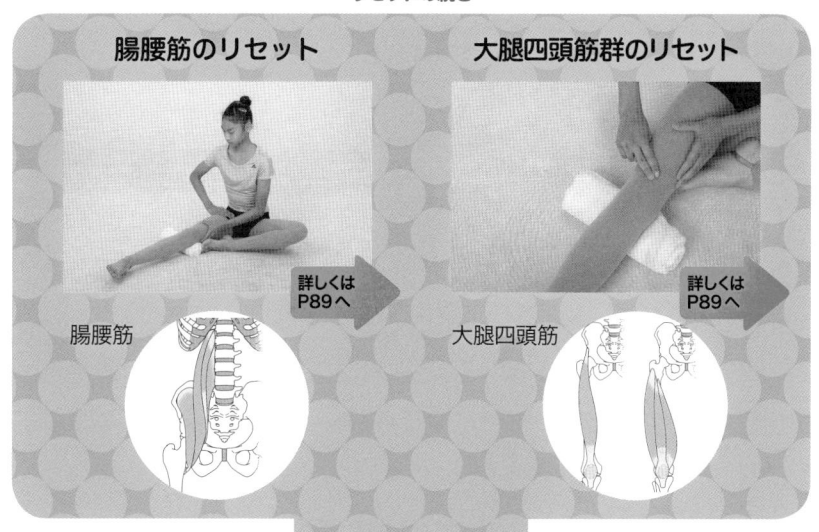

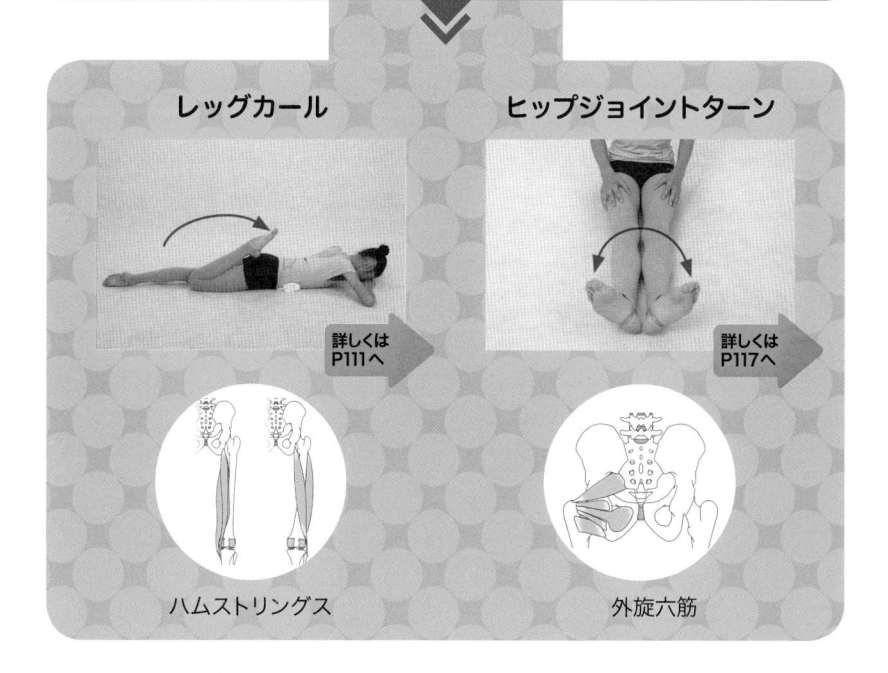

腸腰筋のリセット

詳しくはP89へ

腸腰筋

大腿四頭筋群のリセット

詳しくはP89へ

大腿四頭筋

アクティブコンディショニング

レッグカール

詳しくはP111へ

ハムストリングス

ヒップジョイントターン

詳しくはP117へ

外旋六筋

3 立位（壁にかかとをつけて立つ）
腰がついてほしい

モニタリング

OK! 腰がついている

NG 腰がつかない

壁にかかとをつけて立ったとき、腰が浮いていないか、壁に接する背中の面積に左右差がないか確認！

表現スポーツでの技術上の問題
コアが安定しておらず、軸がぶれる、腰を痛めやすい

腰がつかない人 ▶ 背骨の周りの筋肉が硬くなっているため

つまり
- 腰が浮くのはコアの弱化
- 壁に接する背中の面積の左右差があるのは回旋筋のアンバランス＆寝返りの動作の不調

どうする

リセット
胸椎の基本リセット
腰椎の基本リセット

＋

アクティブ
腹直筋
腹直筋下部

コアとはなに？

深層筋の代表的な筋肉（横隔膜・腹横筋・多裂筋・骨盤底筋群）をコアといいます。軸を作ってくれる筋肉であり、表現スポーツの基本トレーニングは、コアを正しく使えるようにすることです。

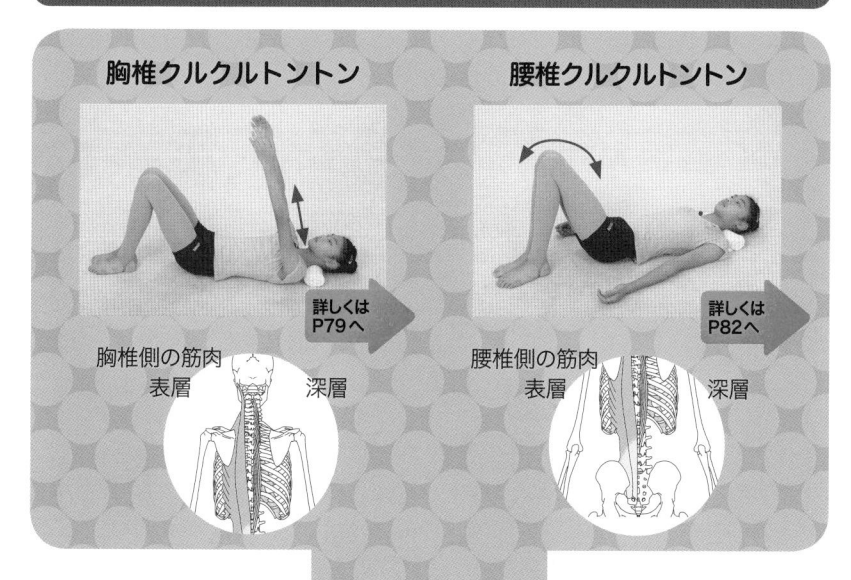

リセットコンディショニング

胸椎クルクルトントン

詳しくは P79へ

胸椎側の筋肉
表層　　深層

腰椎クルクルトントン

詳しくは P82へ

腰椎側の筋肉
表層　　深層

アクティブコンディショニング

アブブレス・ストロングブレス

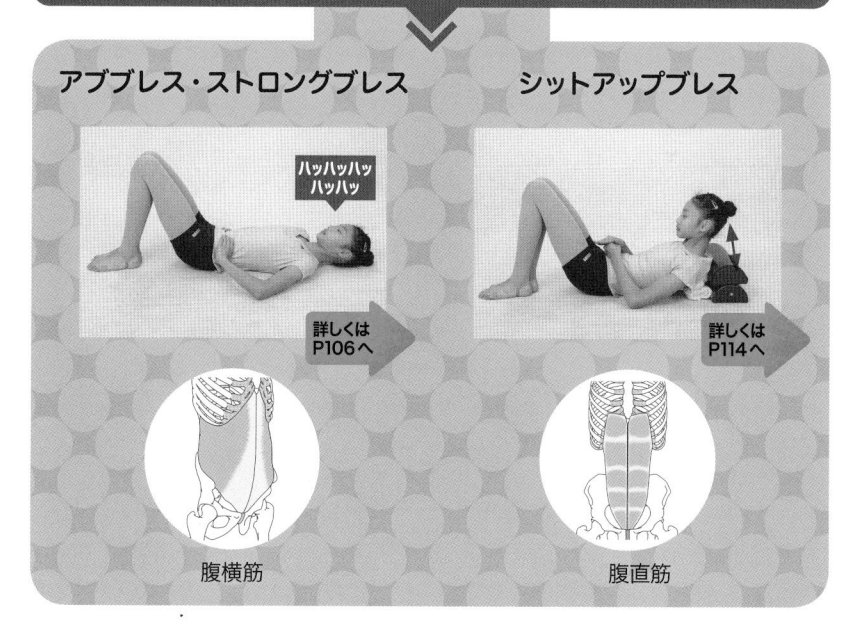

ハッハッハッ
ハッハッ

詳しくは P106へ

腹横筋

シットアップブレス

詳しくは P114へ

腹直筋

4 立位（壁にかかとをつけて立つ）：頸椎屈曲
頭をつけたまま、うなずくことができる

モニタリング

OK！

NG

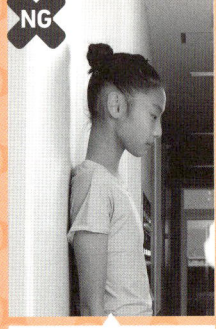

壁にかかとをつけて立った状態で、頭を壁につけたまま、うなずくことができるか確認！

頭が浮いている
頭がついている

表現スポーツでの技術上の問題
頭の位置が定まらない

頭が浮く人 ▶ 首がストレートになっている

つまり
- 胸鎖乳突筋の疲労（使いすぎ）
- 斜角筋の疲労（使いすぎ）

どうする

リセット	リセット	アクティブ
頸椎の基本リセット	胸鎖乳突筋、斜角筋	頸椎側の筋肉、脊柱起立筋

ストレートネックとはなに？

頸椎の生理的な前弯が失われた状態のことで、頭の位置が前にずれています。胸鎖乳突筋や斜角筋といった首の前や横にある筋肉が縮んでいるので、リセットし、頭を本来あるべき位置に戻しましょう。

リセットコンディショニング

頸椎クルクルトントン

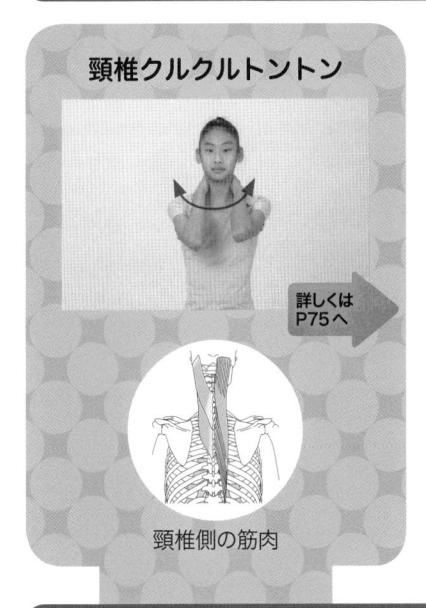

詳しくはP75へ

頸椎側の筋肉

胸鎖乳突筋、斜角筋のリセット

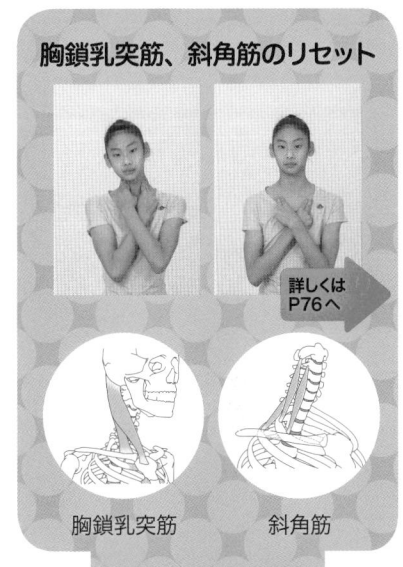

詳しくはP76へ

胸鎖乳突筋　斜角筋

アクティブコンディショニング

ネックエクステンション

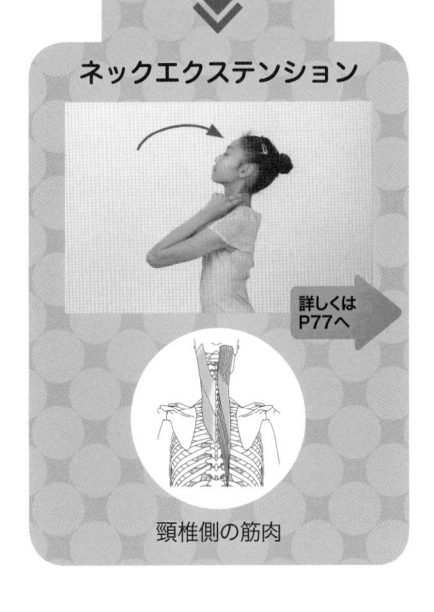

詳しくはP77へ

頸椎側の筋肉

スパインエクステンション

詳しくはP109へ

脊柱起立筋

5 立位（壁にかかとをつけて立つ）：肩外転
背中をつけたまま、腕を上げることができる

モニタリング

OK!

NG

背中が浮いている

背中がついている

壁にかかとをつけて立った状態で腕を上げて壁につけたときに、背中が変わらず壁についたままかどうかを確認！

表現スポーツでの技術上の問題

腕を動かすときに軸がぶれる
腕の位置を保つことができない

背中が浮く人 ▶ 肩を内側に巻き込んでいる

つまり
- 肩甲骨周りの筋肉の疲労（使いすぎ）

どうする

リセット	＋	アクティブ	＋	アクティブ
肩関節のリセット		横隔膜、腹横筋、骨盤底筋、多裂筋、コアトレ		多裂筋

肩を正しい位置に戻す

腕を上げて背中が浮くのは肩を内側に巻き込んでいるから。原因は肩甲骨周りの筋肉の疲労です。肩と肩甲骨を本来の位置に戻し、肩甲骨の位置を安定させ、正しい腕の使い方を覚えれば、肩は正しい位置に戻ります。

リセットコンディショニング

肩ブラブラ

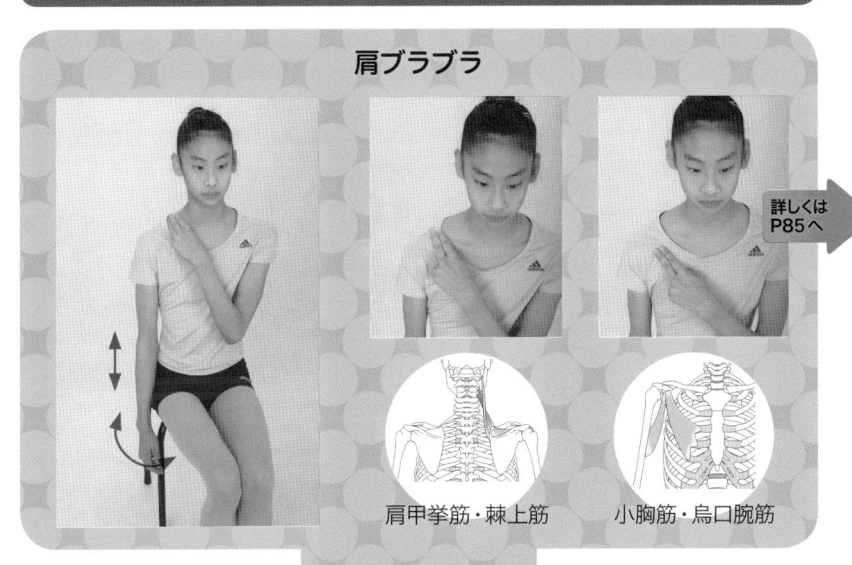

詳しくはP85へ

肩甲挙筋・棘上筋　　小胸筋・烏口腕筋

アクティブコンディショニング

コアトレ両腕

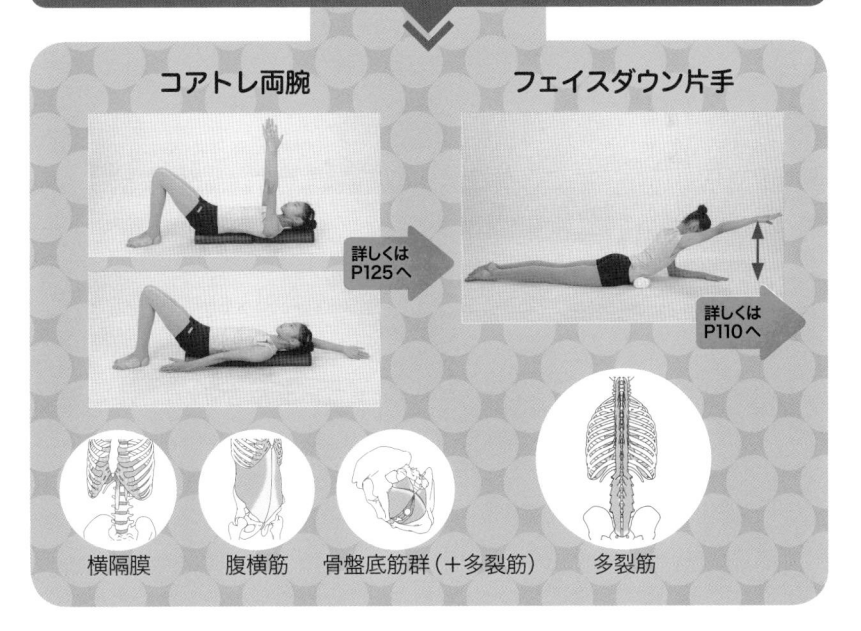

詳しくはP125へ

フェイスダウン片手

詳しくはP110へ

横隔膜　　腹横筋　　骨盤底筋群（＋多裂筋）　　多裂筋

6 立位（壁にかかとをつけて立つ）：つま先立ち
かかとをつけたまま、つま先立ちができる

モニタリング

OK!

NG
背中が浮く、
かかとを
つけられない

壁にかかとをつけて立ち、かかとをつけたままでつま先に立ちしたときに、背中が壁についているかどうか、かかとが壁についたままかどうか確認！

背中がついている、かかとがついている

表現スポーツでの技術上の問題
脚を動かしたときに軸がぶれる

背中が浮く・壁から離れる人 ▶ コアを真っすぐに保てない

つまり
- 背骨周りの疲労（使いすぎ）
- コアの弱化

どうする

リセット	＋	アクティブ
胸椎の基本リセット 腰椎の基本リセット		腹直筋 腹直筋下部

かかとをつけられない人 ▶ 足裏の筋肉が疲労している

つまり
- 足裏・ふくらはぎの疲労（使いすぎ）

どうする

リセット	＋	アクティブ
足部の基本リセット （足底筋膜・下腿三頭筋）		足指の筋肉

足裏が硬い

ふくらはぎは体重を支え、移動するのに使われます。足首がきちんと働かないと体重を支えているだけに疲労しやすく、また、ふくらはぎの筋肉は足の甲、足の裏に腱となってついているため、ふくらはぎが疲れると足裏も疲れます。

リセットコンディショニング

背中が浮く・壁から離れる

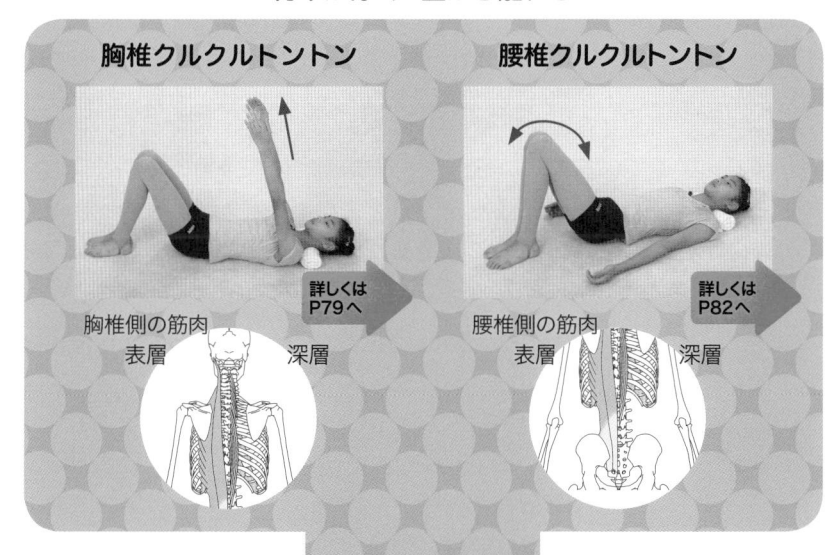

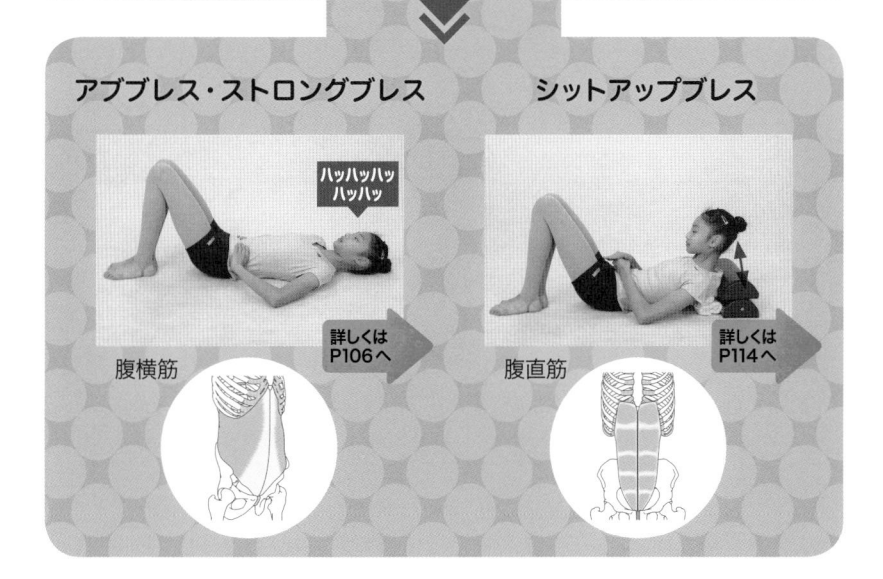

胸椎クルクルトントン
詳しくはP79へ

胸椎側の筋肉
表層　深層

腰椎クルクルトントン
詳しくはP82へ

腰椎側の筋肉
表層　深層

アクティブコンディショニング

アブブレス・ストロングブレス
ハッハッハッハッハッ
詳しくはP106へ

腹横筋

シットアップブレス
詳しくはP114へ

腹直筋

▼

リセットコンディショニング

かかとをつけられない

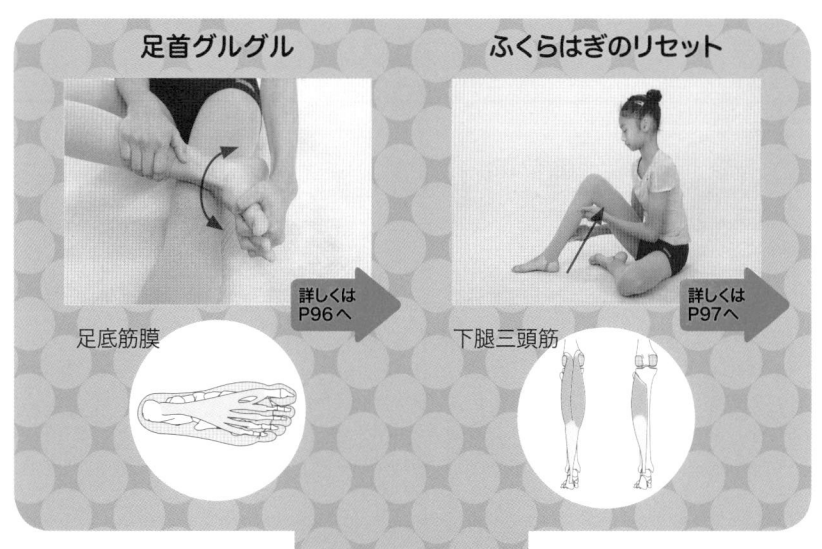

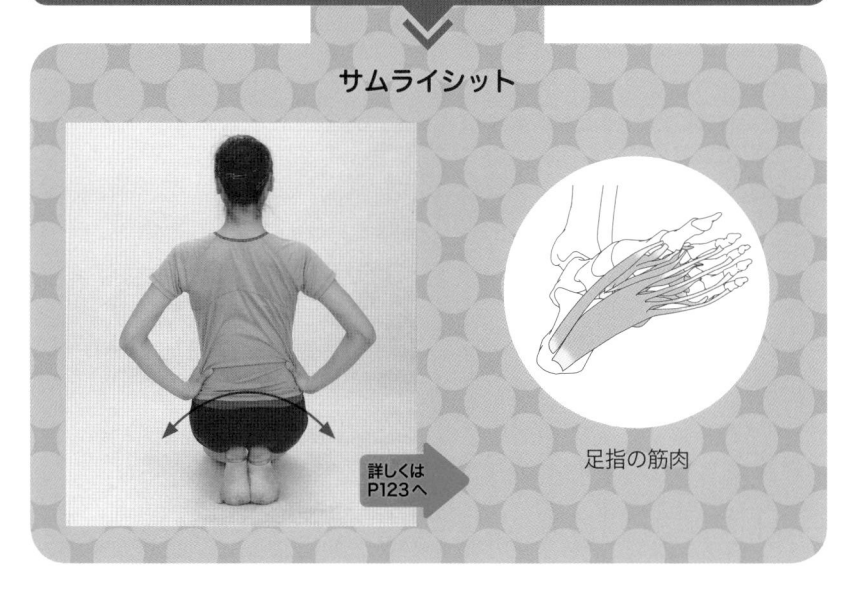

足首グルグル
詳しくはP96へ
足底筋膜

ふくらはぎのリセット
詳しくはP97へ
下腿三頭筋

アクティブコンディショニング
▼

サムライシット
詳しくはP123へ
足指の筋肉

7 立位（足を平行にして膝を曲げる）
膝が正面を向いてほしい

モニタリング

OK! 膝が平行のまま正面を向いている

NG 膝が内側に入っている

壁から離れて、足を平行にして立ち、膝を曲げたときに、膝が内側に入らず、平行のまま正面を向いているかどうかを確認！

表現スポーツでの技術上の問題
足元が安定しない、軸がぐらつく、膝とつま先の向きが同じでない

膝が内側に入る人 ▶ 股関節周りの筋肉が張っている

つまり
- 膝外旋筋の疲労（使いすぎ）

どうする
- リセット：股関節・膝の屈曲の基本リセット
- ＋
- アクティブ：中臀筋後部、内転筋群

足裏の外側に体重がかかっている人 ▶ 膝周辺の筋肉が低下している

つまり
- 足裏・ふくらはぎの疲労（使いすぎ）

どうする
- リセット：下腿三頭筋、前脛骨筋、長母指伸筋、長指伸筋
- ＋
- アクティブ：半腱・半膜様筋、薄筋、縫工筋

ニーイン、トーアウトに注意！

膝が内側に入り、つま先が外側を向く「ニーイン、トーアウト」は、故障が多い選手の特徴で、一番注意したい動きです。セルフで確認しやすく練習前の調整が可能です。膝が内側に入っていなくても「膝裏がついてほしい」の項目で膝裏がつかない人は、膝が曲がり傾向にあるのでこのコンディショニングを行いましょう。

リセットコンディショニング

膝が内側に入る

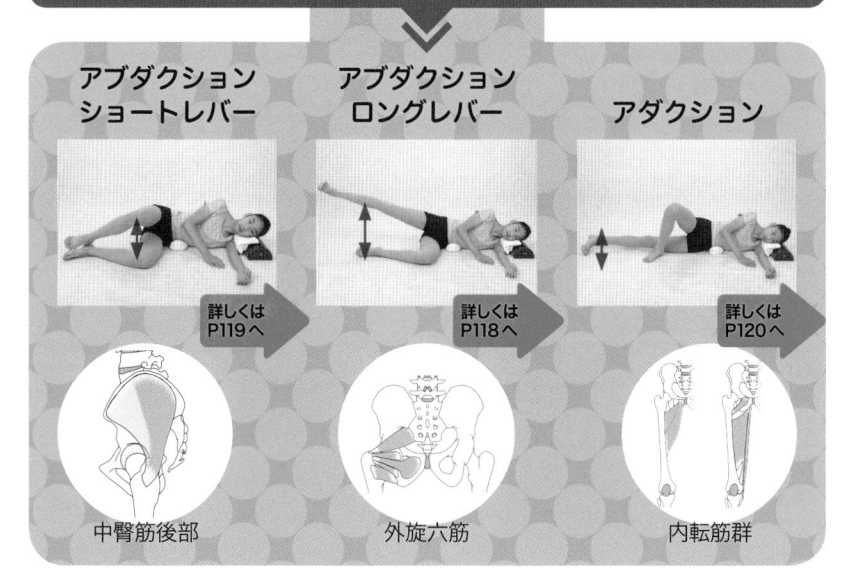

股関節クルクルトントン

詳しくはP87へ

中臀筋前部・大腿筋膜張筋

詳しくはP88へ

中臀筋前部

大腿筋膜張筋

アクティブコンディショニング

アブダクション ショートレバー

詳しくはP119へ

中臀筋後部

アブダクション ロングレバー

詳しくはP118へ

外旋六筋

アダクション

詳しくはP120へ

内転筋群

リセットコンディショニング

足裏の外側に体重がかかる

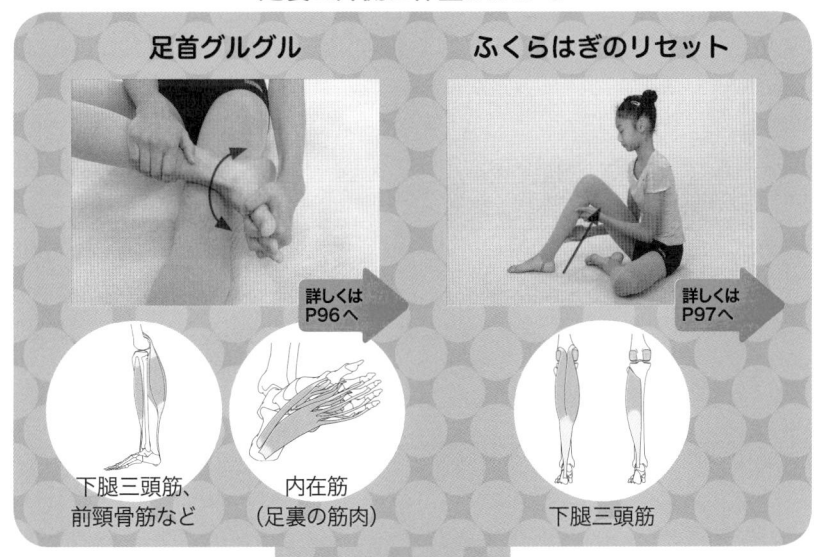

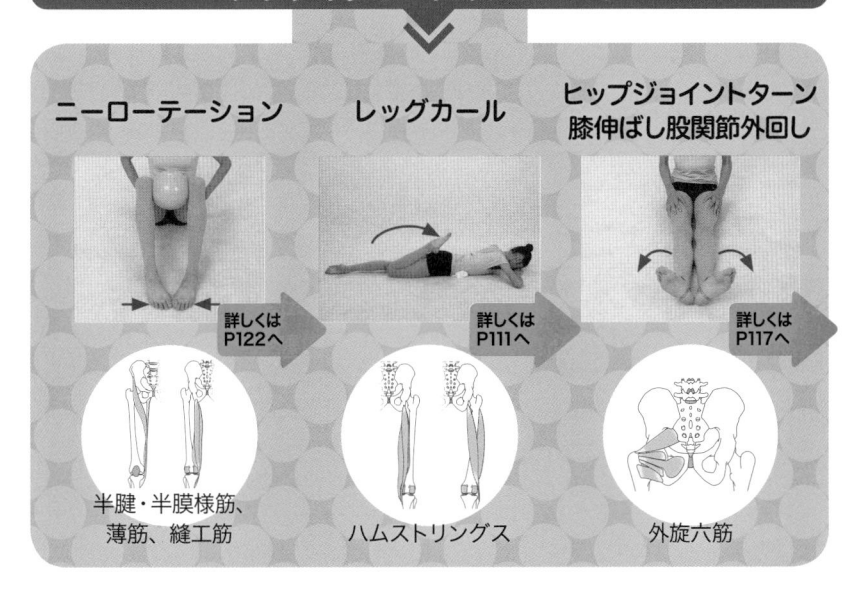

足首グルグル

詳しくはP96へ

下腿三頭筋、前頸骨筋など

内在筋（足裏の筋肉）

ふくらはぎのリセット

詳しくはP97へ

下腿三頭筋

アクティブコンディショニング

ニーローテーション

詳しくはP122へ

半腱・半膜様筋、薄筋、縫工筋

レッグカール

詳しくはP111へ

ハムストリングス

ヒップジョイントターン
膝伸ばし股関節外回し

詳しくはP117へ

外旋六筋

8 うつ伏せ（膝を伸ばして開脚する）
開脚が180度以上できてほしい

モニタリング

OK! 180度以上の開脚ができている

NG 180度以上開脚できない。
180度以上開脚すると尻や腰が浮いてしまう

うつ伏せの姿勢のまま脚を開いていったときに、180度以上開脚ができるかどうか、180度以上開脚したときに尻や腰が浮かないかどうかをチェック！

表現スポーツでの技術上の問題
開脚がきたない
開脚で軸がぶれる

お尻や腰が浮く人 ▶ 股関節周りの筋肉が張っている

つまり ● 腸腰筋・大腿四頭筋の疲労（使いすぎ）

どうする
リセット 中臀筋前部・大腿筋膜張筋
＋
アクティブ 腹直筋

骨盤の前傾を正す！

骨盤が前傾していると、腰椎付近のカーブが強くなり、骨盤が開いてしまい、コアが使えません。また、内臓の下垂から、冷えやむくみ、生理不順といった不調を招きます。腸腰筋や大腿四頭筋が疲労して硬くなると骨盤が前傾してしまいます。モニタリングで尻や腰が浮く人は、骨盤周りの筋肉をリセットして骨盤前傾のゆがみを改善し、アクティブコンディショニングで腰椎・骨盤をもともとある状態に安定させましょう。

リセットコンディショニング

中臀筋前部・大腿筋膜張筋

詳しくは
P88へ

中臀筋前部　　大腿筋膜張筋

アクティブコンディショニング

シットアップブレス

詳しくは
P114へ

腹直筋

9 うつ伏せ（足裏を合わせて膝を曲げる）
膝から下がついてほしい

モニタリング

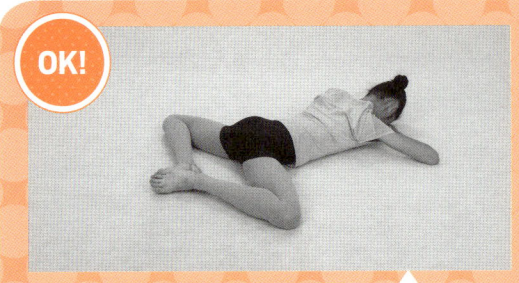

OK!

うつ伏せの姿勢のまま足裏を合わせて膝を曲げていったときに、動かし始めに膝から下の部分が床についているか確認！

NG

膝から下が床についている

動かし始めに膝から下が浮いてしまう

表現スポーツでの技術上の問題

脚のラインがきれいに見えず、軸がぶれてしまう

膝から下が浮く人 ▶ 下腿骨が外旋しているため

つまり
- 膝外旋筋の疲労（使いすぎ）
- 膝内旋筋が使えていない

どうする

リセット	＋	リセット	＋	アクティブ
大腿二頭筋、大腿筋膜張筋、大臀筋		半腱・半膜様筋、薄筋、縫工筋		半腱・半膜様筋、薄筋、縫工筋

内腿が使えていないことが原因！

膝から下が浮いてしまうのは、腿の内側の筋肉が使えていない、腿の外側の筋肉ばかりを使っているためです。モニタリングで膝から下が浮く人は、股関節、膝周りの筋肉を整え、使えていない内側の筋肉を刺激し、股関節、膝周りの動きを思い出させましょう。

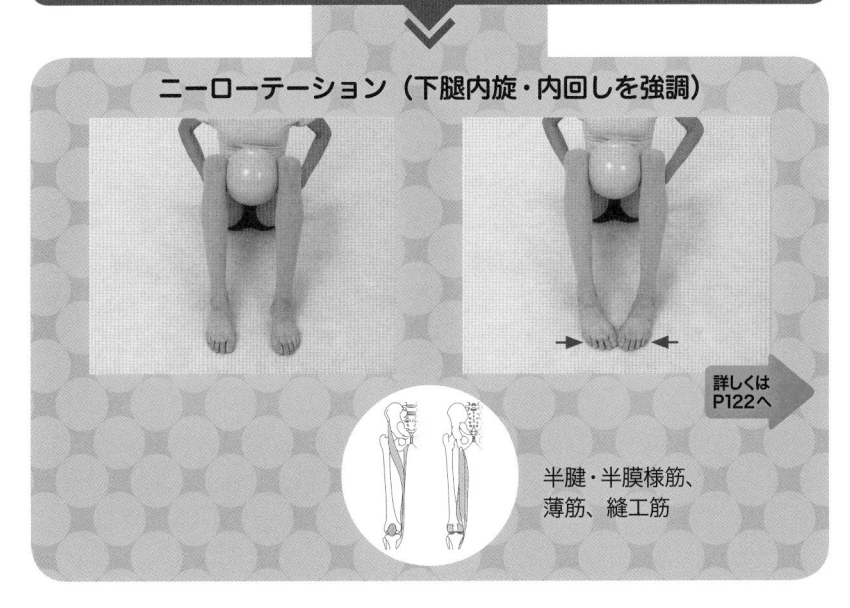

リセットコンディショニング

膝外旋筋のリセット

詳しくはP92へ

大腿二頭筋　大腿筋膜張筋　大臀筋

膝内旋筋のリセット

半腱・半膜様筋、薄筋、縫工筋

詳しくはP92へ

アクティブコンディショニング

ニーローテーション（下腿内旋・内回しを強調）

半腱・半膜様筋、薄筋、縫工筋

詳しくはP122へ

10 うつ伏せ（上体を上げて身体を反らす）：脊椎伸展
しっかり反ってほしい

モニタリング

OK! 身体にねじれがない。脚をそろえて行える

NG 左右の腕の位置が異なり、身体がねじれている。脚がそろっていない

うつ伏せの姿勢から腕を曲げて上体を持ち上げていき、しっかり背中を反っているかをチェック！　反っているときの姿勢の左右差を確認！

表現スポーツでの技術上の問題
上体を反る・腕を上げる動きのときに軸がぶれる

しっかり反れない人 ▶ コアが使えず上体を支えられない

つまり
- 多裂筋の疲労（使いすぎ）
- コアの弱化

どうする
- リセット：胸椎の基本リセット／腰椎の基本リセット
- ＋
- アクティブ：多裂筋

多裂筋の反応を引き出す

しっかり反れない、反ったときのフォームが安定しないのは、多裂筋の疲労や使いすぎで反応が悪くなっていることが原因です。うつ伏せで呼吸すると腹横筋が反応し、多裂筋の反応が引き出されます。胸椎や腰椎周りをリセットしたうえで、息を吐きながら、おへそを引き込みながら、背骨を立ち上げるような意識でアクティブを行い、多裂筋の動きを思い出させましょう。

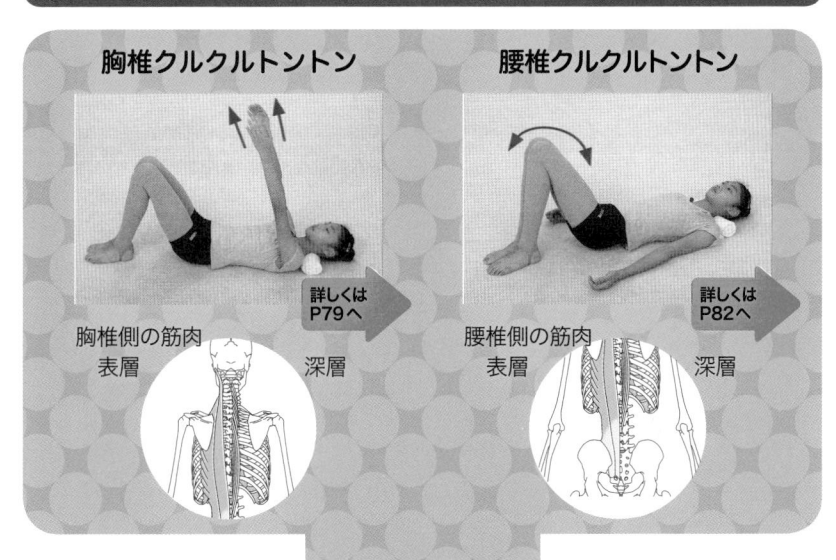

リセットコンディショニング

胸椎クルクルトントン
詳しくはP79へ

胸椎側の筋肉
表層　深層

腰椎クルクルトントン
詳しくはP82へ

腰椎側の筋肉
表層　深層

アクティブコンディショニング

フェイスダウンブレス
詳しくはP109へ

多裂筋　背部の筋肉

フェイスダウンブレス
両手

ボール

詳しくはP110へ

11 座位（脚を台に乗せて前後開脚する）
スピリッツ（前後開脚）で180度以上開いてほしい

モニタリング

OK!

骨盤は前を向き、おへそは正面で身体にねじれがない。腿裏が床についている

NG おへそが斜めを向いていて、身体がねじれている。腿裏が床から浮いている

前脚と後ろ脚を台に乗せて前後開脚をしたときに、骨盤（おへそ）が正面を向いているか、恥骨が床にきちんとついているか確認！

表現スポーツでの技術上の問題
ジャンプして前後開脚したときに脚がきれいに開かない

180度以上開かない人 ▶ コアが使えず上体を支えられない

つまり
- 股関節周りの筋肉の疲労（使いすぎ）

どうする
リセット	＋	アクティブ
股関節の基本リセット		ハムストリングス（半腱様筋、半膜様筋、大腿二頭筋）

上からギュウギュウ押すのは間違い！

表現スポーツでは180度以上開くことが世界で勝つためには必須だと聞きます。トレーニング次第では、180度以上開くようになりますが、無理なストレッチでは故障を招きます。よく椅子や高いところに脚を乗せて、無理やり上からギュウギュウおさえたり、膝に人を乗せたりするそうですが、これでは伸張反射（筋が受動的に引き伸ばされると、その筋が収縮する現象）を起こし、かえって筋肉は硬くなります。股関節の周りの筋肉をリセットしたうえで、股関節伸展がよりできるようにアクティブコンディショニングでハムストリングスの反応を引き出しましょう。

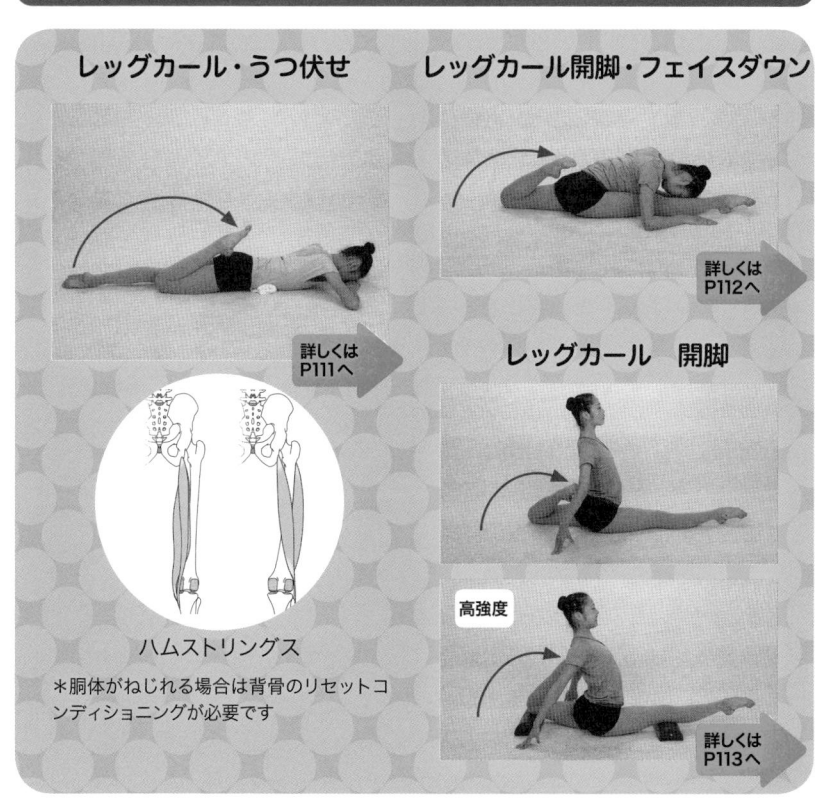

リセットコンディショニング

股関節クルクルトントン

詳しくは P87 へ

アクティブコンディショニング

レッグカール・うつ伏せ

詳しくは P111 へ

レッグカール開脚・フェイスダウン

詳しくは P112 へ

レッグカール 開脚

高強度

詳しくは P113 へ

ハムストリングス

＊胴体がねじれる場合は背骨のリセットコンディショニングが必要です

COLUMN #3 栄養の話<1>

ウエイトコントロールとタンパク質と糖質

　身体を作っているのも、動かしているのも栄養です。栄養が充実していることは、パフォーマンスを発揮するうえで必要不可欠です。トレーニングや運動をすると、筋肉は破壊されます。それをきちんと修復することが大切です。栄養を整えると、身体が楽に感じます。疲れづらくなります。そして筋肉の質がよくなり、故障しなくなります。

　大切なことは、タンパク質をとることです。私たちの身体の10〜20％はタンパク質でできています。身体を構成するタンパク質は1ヵ月で半分くらいが入れ替わります。それを補充するには、1日に体重1kgに対して1gのタンパク質が必要です。運動する方々は筋肉をたくさん破壊しますから、それ以上のタンパク質摂取が必要になります。

　摂取したタンパク質が使われるタイミングは、運動後1時間半くらいからです。運動すると1時間半くらいに成長ホルモンが分泌され、その作用で筋肉が修復されます。また、就寝後1時間半でも成長ホルモンが分泌され、その日の疲労を回復してくれるのです。ですから、そのタイミングに血中にタンパク質（アミノ酸）が必要です。

　次は、甘いものの話です。表現スポーツを行う方は甘いものが大好きです。ウエイトコントロールが必要なスポーツですから、甘いものの摂取に我慢が強いられ、反動がでることも少なくありません。試合前のダイエットとその反動は痛々しくも感じますし、その繰り返しは女性としての機能を不調にさせてしまいます。

　この甘いものはエネルギー源であり、栄養素としては炭水化物＝糖質です。ですから日中は必要な要素です。しかし使われなかった糖質は、身体で余ると脂肪に変化しますし、筋肉や腱、靱帯そして骨はしなりを失い、硬くなります。糖化は硬化というのです。これはこのスポーツには大敵ですよね。ですから必要以上に、糖質をとらないことが大切です。

第4章

リセット
コンディショニング

リセットコンディショニングの実施方法
～必ずやってほしい毎日のコンディショニング～

毎日1回、疲れやすい箇所は練習中にも行う

　コンディショニングは「筋肉を整える」という考え方に基いて構成されています。毎日の練習で特定の筋肉ばかりを使いすぎているはず。使い過ぎの筋肉は硬く（こり）、張り感（はり）があります。筋肉のこりやはりは疲労のサインです。一方で、使いすぎの筋肉の反対側にある筋肉（拮抗筋）は、休みすぎて使えなくなり、関節の可動を狭くします。練習によってもたらされる使いすぎと休みすぎの積み重ねが身体のゆがみを作り、パフォーマンスを低下させてしまうのです。

　リセットしたい筋肉は、これらの硬くなっている筋肉です。練習前や張感を感じるときにスタティックストレッチを行っている姿をよく目にしますが、練習前のスタティックストレッチングは、効果的とはいえません。筋肉が緊張状態にあるときに、筋肉を伸ばそうとする信号を送ると、筋肉はその後、縮もうとする反射が起こります。身体の柔らかい表現スポーツの選手のみなさんのなかには、この信号を感じ取ることができない方が大勢います。その積み重ねも、パフォーマンスの低下につながっています。スタティックストレッチは、身体の温まっている練習の途中や練習後に行うことをお勧めします。練習では筋力を発揮しています。力を出した筋肉は、伸びようとする反射機能ももっています。

　リセットコンディショニングの仕組みは「寝返り」です。寝返りは身体のゆがみをとるため無意識に行っています。筋肉に意識を向けないで関節を動かすことで、その関節に関係している筋肉がリセットされるのです。これから紹介するリセットコンディショニングは、毎日1回は行いましょう。疲れやすい部位は練習中にも行うことをお勧めします。また、1日の疲れをとるために、就寝前に必ず行うことを習慣づけたいものです。

　右記にリセットコンディショニングのポイントを紹介します。十分に理解して、リセットコンディショニングを行いましょう。

リセットコンディショニングのポイント

・筋肉に意識を向けない。
・脱力して関節を動かす。
・リンパ節や硬い筋肉をおさえて筋肉を動かす。

※回数は指定していません。リセット感覚が感じられるまで行いましょう。

効果が出ない場合の修正ポイント

　リセットコンディショニングは必ず効果が出ます。もしも効果が出ないという場合には、何かしらの修正点があります。効果がでない場合には下記の点を見直してみましょう。

1. 大きく動かしすぎていませんか？
　▶できるだけ小さく動かします。
2. その箇所を意識していませんか？
　▶他のところに意識を向けます。
3. 力を入れて動かしていませんか？
　▶脱力できるポジションを選びます。
4. おさえる力が強くありませんか？
5. おさえる箇所をもんでいませんか？
　▶（4,5ともに）力を入れて押したりもんだりすると、かえって硬くなることがあります。おさえて筋肉を動かすようするのがリセットコンディショニングです。

※4章ではすべての筋肉についてリセットコンディショニングを紹介しているわけではありません。練習で硬くなりやすい筋肉を中心にあげています。

1 首のリセットコンディショニング
～頭の位置が定まらないときのコンディショニング～

どこでもできる頸椎のコンディショニング

　首のリセットコンディショニングは、首の動きが悪いとき、頭が定まらないようなときに行います。ここでは3種類紹介します。3種類行ってみて、自分にあったリセットコンディショニングを見つけましょう。

　頸椎クルクルトントンは、いつでもどこでも簡単にできるリセットコンディショニングです。首に気になる改善ポイントがある方は暇を見つけては行うとよいでしょう。

こんな方にやってほしい

頭の位置が定まらない／演技中に頭が揺れ、軸がぶれる
壁立ちでうなずくと頭が離れる／頸椎ストレート（ストレートネック）
首が張りやすい

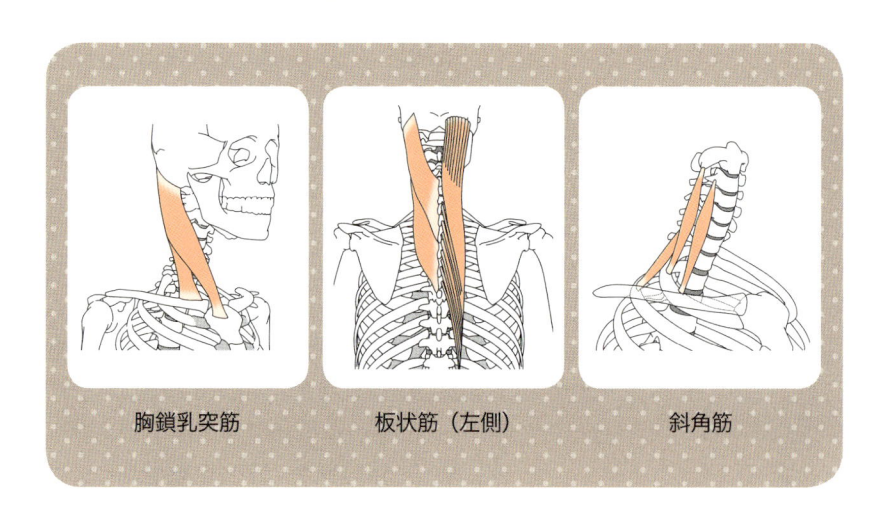

胸鎖乳突筋　　　板状筋（左側）　　　斜角筋

首のリセットコンディショニング
頸椎クルクルトントン

フォーム
首を両手で包み、指を首（頸椎）のポコッと出ている骨に当てます。

コンディショニング
1. 「いやいや」をするように小さく左右に頭を動かします。
2. 「うなずく」ように小さく上下に頭を動かします。

終了後の感覚
首を動かすと動かしやすくなっています。

こんな時に！
全員に行っていただきたいリセットコンディショニング

おさえる箇所

頸椎

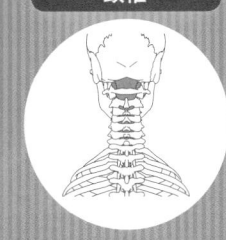

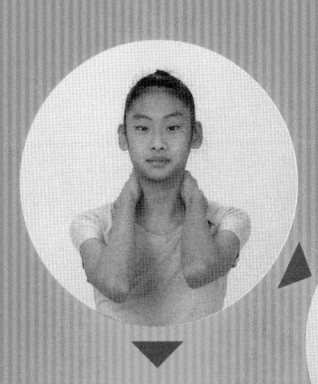

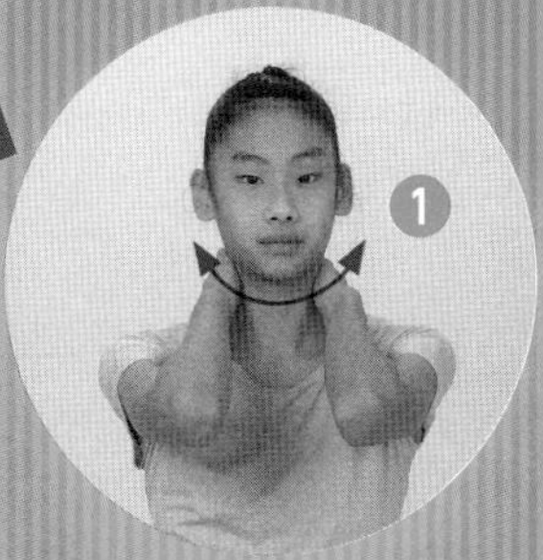

POINT
ポコッと出ている骨を押さえる
頸椎は7個あります。おさえる骨の位置を変えて、気持ちいい箇所を探します。手のひらで首をすっぽり包みます。

首のリセットコンディショニング
胸鎖乳突筋・斜角筋のリセット

フォーム
2本の指でリセットしたい筋肉をおさえます。

コンディショニング
1. 胸鎖乳突筋・斜角筋は首の横にあります。首の横をおさえ、頭を横に倒します。おさえる指の位置をずらして行います。
2. 胸鎖乳突筋は鎖骨についています。最後は鎖骨の上をおさえ、頭を横に倒します。
3. 斜角筋は第1・2肋骨についています。鎖骨の奥のくぼみをおさえ、頭を横に倒します。おさえる指の位置をずらして行います。

終了後の感覚
首を動かすと動かしやすくなっています。

こんな時に！
- 頭が横に傾いている
- 身体の中心と顔の中心がずれている
- 顔がむくみやすい

POINT
頭を横に倒してリセットします
指の当て方は、指の腹で筋肉全体をおすようにします。頭を倒すほうの筋肉がリセットされています。最初は片方ずつ行うと左右の違いがわかりやすいでしょう。

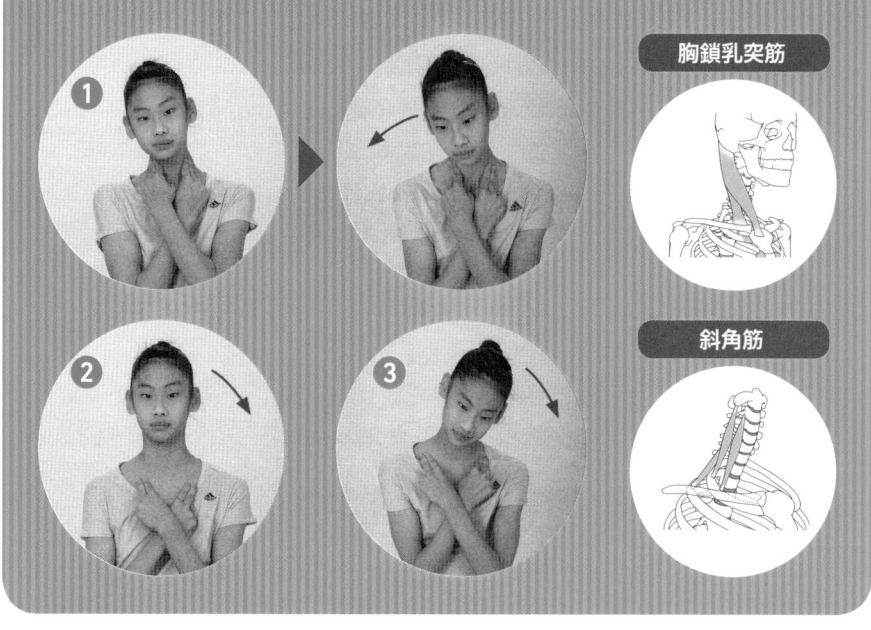

胸鎖乳突筋

斜角筋

首のリセットコンディショニング
肩甲挙筋・板状筋のリセット

フォーム
頭を少し後ろに倒し、リセットしたい筋肉を2本の指でおさえます。

コンディショニング
肩甲挙筋も板状筋もおさえる箇所が異なるだけで動きは同じ。頭を後ろに倒した場所から、小さく後ろに動かします。
1. 肩甲挙筋は肩甲骨の上角についています。肩甲挙筋のリセットは肩甲骨をおさえて、頭を小さく後ろに動かします。
2. 板状筋は首の後ろで頭を支える筋肉です。板状筋のリセットは首の後ろに指をおし当て、頭を小さく後ろに動かします。

終了後の感覚
首を後ろに動かすと動かしやすくなっています。首が長く、肩が下がって見えます。

こんな時に!
・頭を後ろに倒しづらい
・首の後ろ、肩が盛り上がっているように見える
・首のつまり感がある
・腕を頭より後ろにキープできない

POINT
指の当て方に注意
指の当て方は、指の腹で筋肉全体をおすようにします。後ろには小さく倒し、指が離れないようにします。

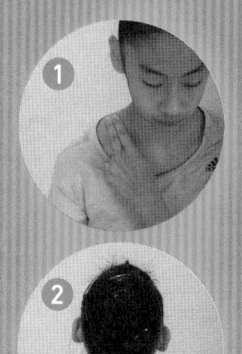

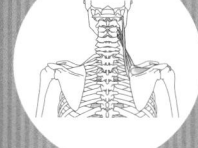

肩甲挙筋（上側）

板状筋（左側）

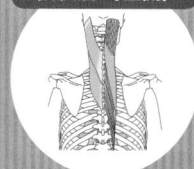

※アクティブコンディショニングのネックエクステンションも同じ動きで行う

2 胸椎のリセットコンディショニング
〜呼吸やコアの安定、腕や肩の動きを整える〜

座って行う胸椎のコンディショニング

　胸椎は身体を反らせる動きや、呼吸、コアの安定、肩甲骨、腕の動きに影響しています。座って行う胸椎リセットはいつでも簡単にできます。

こんな方にやってほしい

壁立ち、寝たときに背中がついてない／かかとを付けたままつま先立ちできない方
寝たときに肩甲骨のつき方に左右差がある／壁立ちで肩外転時に背中にツッパリ感がある
反った時に背中が弓なりにならない／ねじれが見られる
腕が頭より後ろでキープできない。

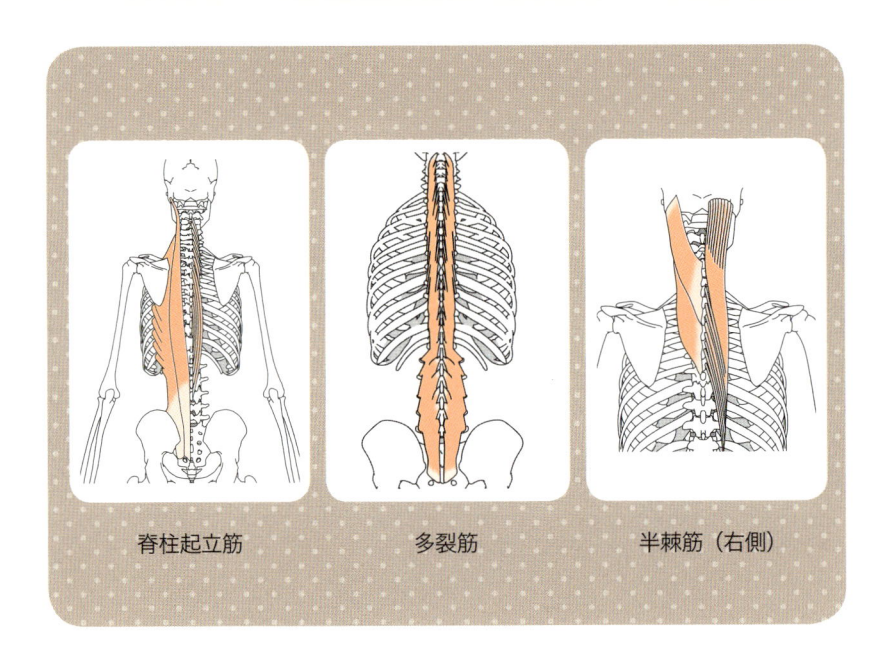

| 脊柱起立筋 | 多裂筋 | 半棘筋（右側） |

胸椎のリセットコンディショニング
胸椎クルクルトントン

フォーム
あお向けに寝ます。首の下には丸めたタオルを入れて背骨を重力から解放します。両手を「前にならえ」状態に上げます。背骨の屈曲伸展、回旋動作に関係している筋肉のリセットコンディショニングです。

コンディショニング
1. **トントン**：両手を天井のほうに上げたり下げたりします。意識は指先に向けます。手の高さを変えることで、背骨の動かされる位置が変わります。
2. **クルクル**：片手ずつ上げ下げします。意識は指先に向けます。手の位置を変えることで背骨の動かされる位置が変わります。

終了後の感覚
背中が楽になります。寝ているとき、壁つのとき、背中がつきます。腕の上がりがよくなります。

こんな時に！
- 寝る前に毎日
- 背中のはりを感じる
- 身体全体が重い
- 疲労感がある

POINT
達人は腕の高さを変えられる

指先の力は抜きます。できるだけ小さくリズミカルに動かします。胸椎は12個あります。腕の高さを12段階に変えられると達人です。

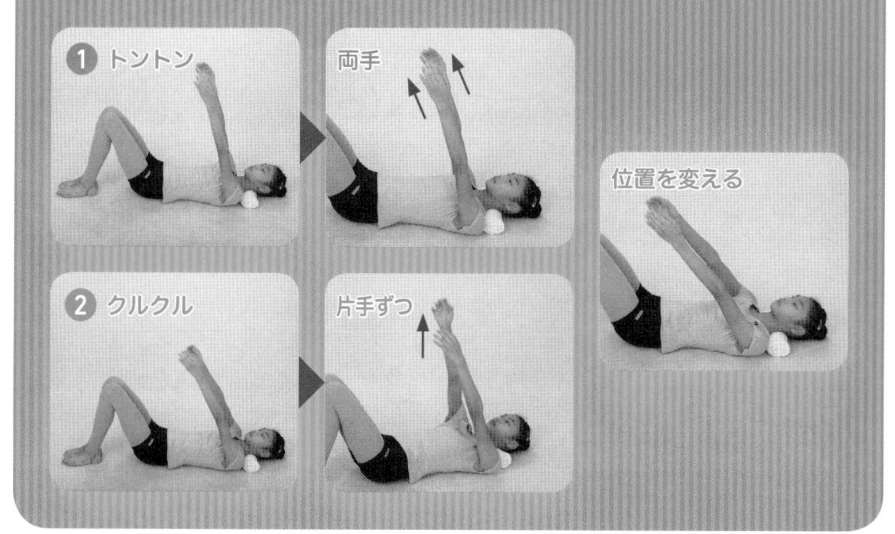

1. トントン / 両手
2. クルクル / 片手ずつ / 位置を変える

胸椎のリセットコンディショニング
胸椎・前鋸筋のリセット

フォーム
背中を丸めます。首の力を抜き、頭を垂れておくことが大切です。

コンディショニング
1. 腕の力を抜き、片手ずつ床に近づけるように動かします。身体の倒す角度を変えることで、背中が動かされる場所が変わります。
2. 前鋸筋は、わきの下を手でおさえ、腕をブラブラと振ります。

終了後の感覚
背中が楽になります。腕の上がりがよくなります。

こんな時に！
- 時間があるとき（座ってでも立ってでもできる）
- 肩こりがある
- 背中のはりがある

POINT
小さくリズミカルに動かす
指先の力は抜きます。できるだけ小さく、リズミカルに動かします。

前鋸筋　胸椎側

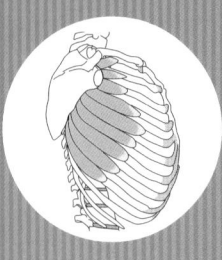

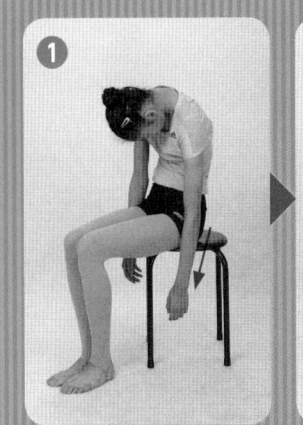

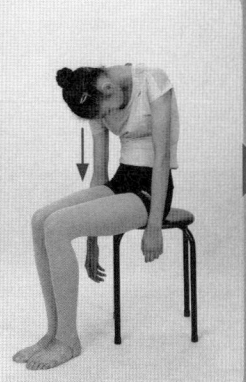

3 腰椎のリセットコンディショニング
~腰痛の方は毎日行いたいコンディショング~

寝姿勢で行う腰椎のコンディショニング

腰椎は身体を反らせる動きや、呼吸、コアの安定、骨盤、股関節の動きに影響しています。寝て行うことが効果的です。また、腰痛の方は毎日行いたいリセットコンディショニングです。

こんな方にやってほしい

壁立ちや寝たときに背中がついてない
踵を壁につけたままつま先立ちができない
寝たときにお尻のつき方に左右差がある
立ったときに肩の高さに左右差がある（側屈）
反ったときに背中が弓なりにならない・ねじれが見られる

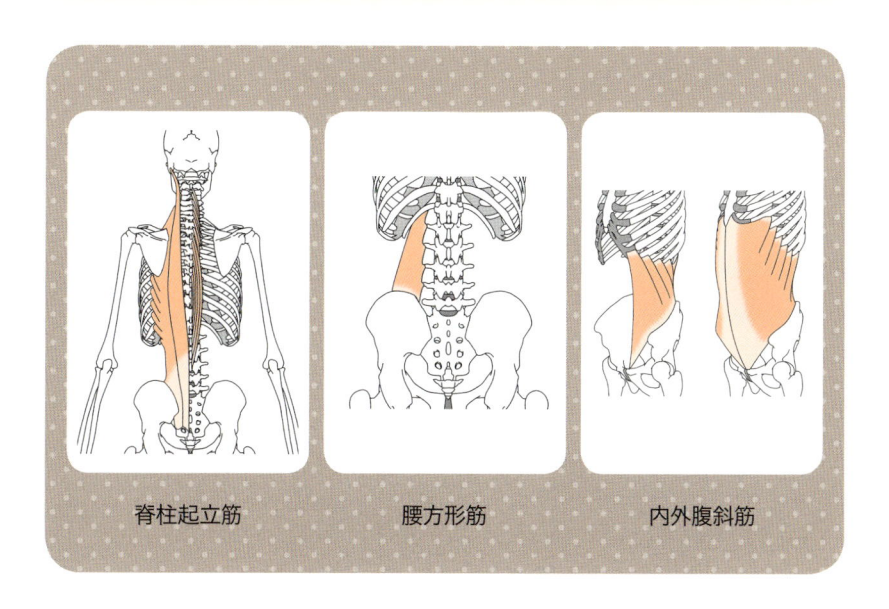

脊柱起立筋　　腰方形筋　　内外腹斜筋

腰椎のリセットコンディショニング
腰椎クルクルトントン

フォーム
あお向けに寝ます。首の下に丸めたタオルを入れて背骨を重力から解放します。膝、足元はそろえておきましょう。背骨の屈曲伸展、回旋動作に関係している筋肉のリセットコンディショニングです。

コンディショニング
1. **クルクル**：両膝をそろえたまま、左右に小さく振ります。膝に意識を向けます。腰幅より小さく振りましょう。
2. **トントン**：両膝を股関節の上まで持ち上げます。両膝を小さく前後に動かします（屈曲・伸展）。次に片方ずつ動かします（側屈）。膝の位置を股関節の上、おへその上、みぞおちとを変えることで、腰椎の動く場所が変わります。

終了後の感覚
背中が楽になります。寝ているとき、壁立ちのときに背中がつきます。腕の上がりがよくなります。

こんな時に！
・寝る前は毎日
・腰のはりを感じる
・身体全体が重い
・疲労感がある

POINT
達人は膝の高さを変えられる

膝はつけたまま、つま先の力は抜きます。できるだけ小さく、リズミカルに動かします。腰椎は5個あります。膝の高さを5段階に変えられると達人です。

腰椎側の筋肉

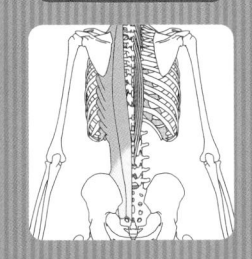

4 肩関節のリセットコンディショニング
～癖の出やすい肩関節をリセットで整える～

3つの姿勢で行う肩関節のコンディショニング

　肩関節は筋肉依存型の関節です。改善しやすいのですが、癖も出やすい部位です。寝て行うリセットコンディショニングは寝る前に、椅子に座ってできるリセットコンディショニングは日中いつでもできますし、立ってでも行えます。

こんな方にやってほしい

立っているときに腕が身体から離れている
（横に離れている、前に出ている、手の甲が前を向いている）。
寝たときに肩甲骨のつき方に左右差がある
壁立ち、肩外転時に腕を上まで上げることができない
腕を頭より後ろでキープできない

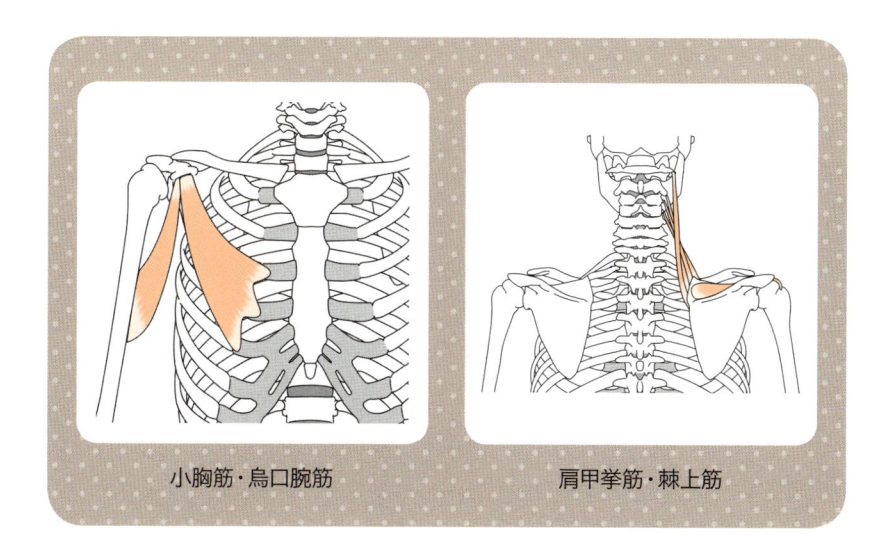

小胸筋・烏口腕筋

肩甲挙筋・棘上筋

肩関節のリセットコンディショニング
両腕クルクル

フォーム
あお向けに寝ます。首の下には丸めたタオルを入れて、背骨を重力から解放します。手の甲を下にして、肘から下を床につけます。腕と肩甲骨の動きに関係している筋肉のリセットができます。また、2本の指でリセットしたい筋肉をおさえます。

コンディショニング
1. 肘から手の甲までを床からを離さず、腕を上げ下げします（外転・内転）。リセットしたい筋肉をおさえて腕を上下に動かします。
2. 次に肩の高さくらいで手をクルクル回します（内外旋）。リセットしたい筋肉をおさえて手をクルクルと動かします。

終了後の感覚
肩が楽になり可動が出ます。
片方ずつ行った場合、片手が終わったら左右を比べてみると違いがよくわかります。
※筋肉をおさえるときは片手ずつ行いましょう。

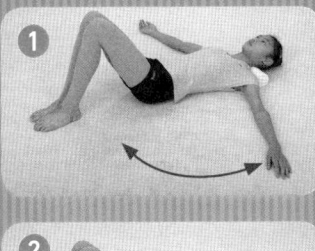

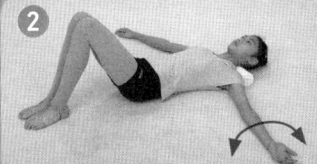

こんな時に！
- 寝る前は毎日
- 首こり・肩こりがある
- 腕がスムーズに動かない

POINT
力を抜いて小さく動かします
肘から手の甲を付けたまま動かします。腕を動かすこと、手に意識をもつことで、肩をリセットできます。できるだけ力を抜き、小さく動かします。

肩甲挙筋・棘上筋

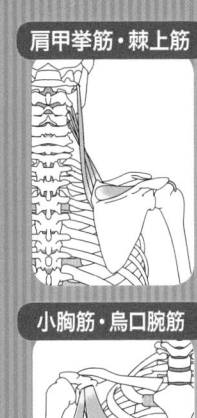

小胸筋・烏口腕筋

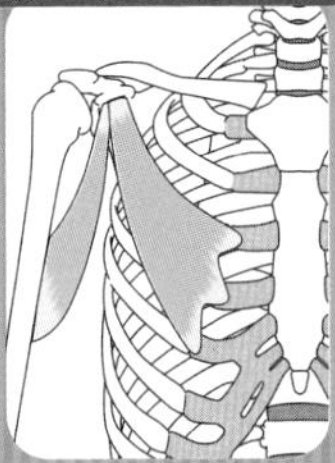

肩関節のリセットコンディショニング
肩ブラブラ

フォーム
肩全体を包み込むように手を添えます。腕と肩甲骨の動きに関係している筋肉のリセットができます。また、2本の指でリセットしたい筋肉をおさえます。

コンディショニング
① 肩腕の力を抜き、手を前後に小さく動かします（屈曲伸展）。リセットしたい筋肉をおさえて腕を前後に動かします。
② 次に腕をクルクル回します（内外旋）。リセットしたい筋肉をおさえて腕をクルクルと動かします。

終了後の感覚
肩が楽になり、可動が出ます。片手が終わったあとで左右を比べてみると違いがよくわかります。

こんな時に！
・いつでもできる（座位、立位）
・首や肩にはりを感じる
・練習前に腕の動きが悪い

POINT
身体を少し倒して腕の力を抜きましょう
腕の力を抜くために身体を少し倒しましょう。腕を動かすこと、手に意識をもつことで、肩をリセットできます。できるだけ力を抜き、小さく動かします。

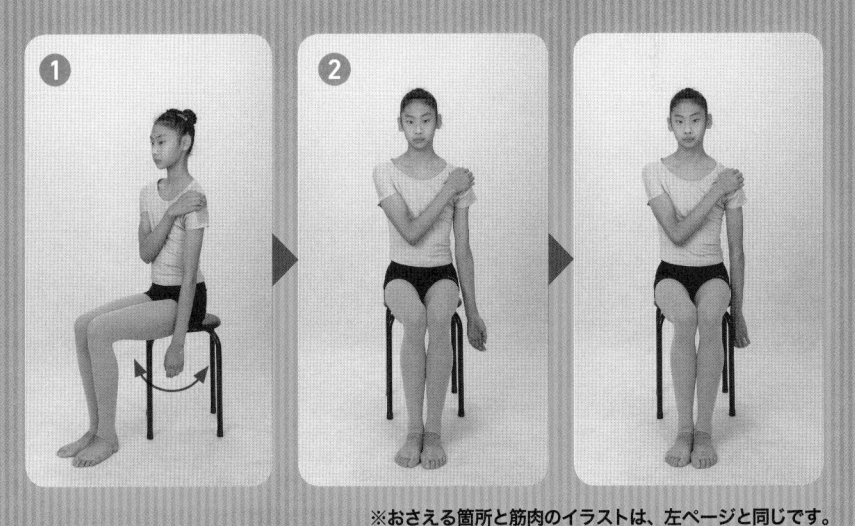

※おさえる箇所と筋肉のイラストは、左ページと同じです。

5 股関節のリセットコンディショニング
〜動く上で要となる関節のコンディショニング〜

使いすぎによる股関節と膝関節の動きの悪さを改善する

　股関節は動く上で要になる関節です。股関節屈曲筋の使いすぎ、膝関節の屈曲による大腿部前の筋肉（大腿四頭筋群）の伸張性筋収縮による使いすぎが、股関節の動きを悪くします。股関節の使い方が、腰痛や股関節痛、膝痛の引き金になりますし、パフォーマンスにも影響を与える関節です。日頃からコンディションを整えたい関節です。

こんな方にやってほしい

膝が内向き（内旋）／つま先が外向き（外旋）
脚をそろえて膝・ふくらはぎ・くるぶしのつかない方
足を平行にして、膝屈曲のとき膝が内側に入る
長座や寝た状態のとき、つま先の向きが左右で違う
長座や寝た状態で膝が浮く／股関節に詰まり感がある
股関節が屈曲位にある（お尻が突き出て見える）

股関節周りの筋肉

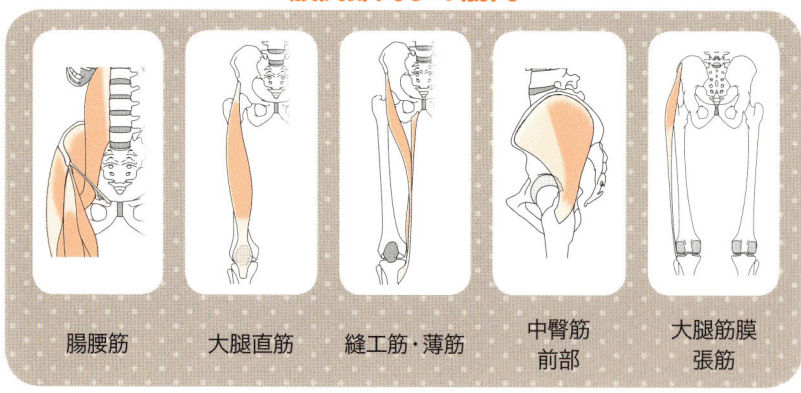

| 腸腰筋 | 大腿直筋 | 縫工筋・薄筋 | 中臀筋前部 | 大腿筋膜張筋 |

股関節のリセットコンディショニング
股関節クルクルトントン

フォーム
脚を投げ出して座ります。片方の脚はリラックス、片方の脚は真っすぐに伸ばし、膝下にはタオルを丸めて入れて、重力から解放しておきます。また、硬い筋肉は2本の指でリセットしたい筋肉をおさえます。

コンディショニング
1. **クルクル**：膝の上を両手で持ち、腿をクルクル回すように動かします（内外旋）。股関節から脚を引き抜くような気持ちで回します。
2. **トントン**：次に膝を持ち上げ、タオルに膝をおし当てるようにトントンとおしつけます（屈曲伸展）。

終了後の感覚
股関節が動かしやすくなります。股関節のつまり感がなくなります。片脚終了後に左右を比べてみると、膝が沈んだり、脚が長くなったりします。

こんな時に！
- 練習前は毎回
- 股関節のストレッチ前
- バレエレッスン前
- 股関節につまりを感じる

POINT
脚を引き抜くように少し引っ張って行う

クルクルトントンの際は脚を引き抜くように少し引っ張りながら行います。できるだけ脚の力を抜き、動かします。おさえる場所、動かし方はやりやすいように行ってもかまいませんが、おさえている位置がずれないようにしっかりおさえて動かします。

コンディショニング

③ **中臀筋前部・大腿筋膜張筋**：お尻の横に指をおし当て、反対の手でクルクル回すように動かします。ここは疲れやすく、リセットしづらい箇所です。ボールを使うこともあります。リセットしやすい箇所に当て、筋肉の走行方向に動かします。

④ **腸脛靱帯**：膝の外側には大腿二頭筋、大腿筋膜張筋、大臀筋と腸脛靱帯が重なってついています。そこをおさえてクルクルトントンします。

こんな時に！
- 膝を曲げたときに内側に入る
- ニーイン、トーアウトのとき
- つま先と膝の向きがそろわない
- 腿の横がはっている

中臀筋前部

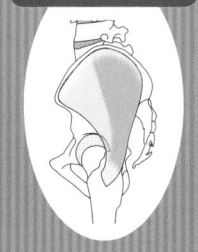

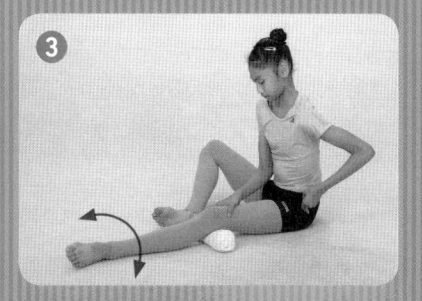

ボールを使う場合

大腿筋膜張筋・腸脛靱帯

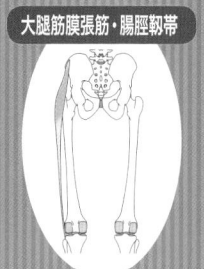

コンディショニング

⑤ 鵞足：膝の内側の鵞足には縫工筋、薄筋、半腱・半膜様筋がついています。そこをおさえ、クルクルトントンします。

⑥ 鼠径部：鼠経部には腸腰筋、縫工筋、大腿直筋などの筋肉があります。ソケイ部に指をおし当て、反対の手でクルクルトントンします。

⑦ 大腿四頭筋：膝のお皿の中を通って、すねの骨についています。そこをおさえ、トントンします。

こんな時に！

- 股関節が伸びづらい
- 身体より足が後ろに行きづらいとき
- 股関節につまり感がある
- 立ったときにお尻がつき出る
- 膝が伸びづらい
- 膝を曲げたときに内側に入る
- ニーイン、トーアウトのとき
- つま先と膝の向きがそろわない
- 腿の横がはっている

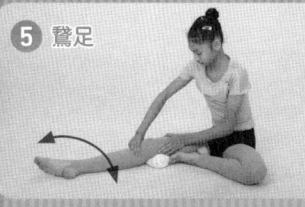

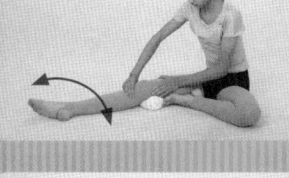

⑤ 鵞足

鵞足部

⑥ 鼠径部

鼠径部の筋肉

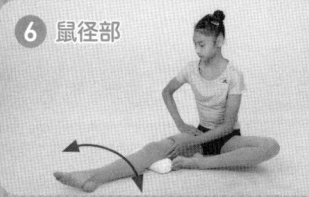

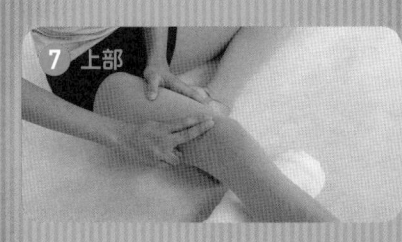

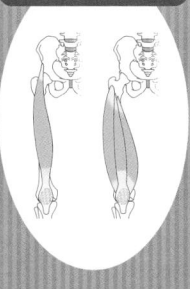

⑦ 上部

下部

大腿四頭筋

6 膝関節のリセットコンディショニング
～多くの筋肉が関係する関節のコンディショニング～

曲がりっぱなしになりがちな膝関節をリセットする

　膝関節は身体の中で一番大きな関節です。関節をまたいでいる筋肉には、使いすぎている大腿四頭筋や大腿筋膜張筋、使えなくなって硬くなっているハムストリングスや、股関節と膝関節の2つの関節をまたぐ多くの筋肉がついています。ここが曲がりっぱなしになっていると、膝から下の動きが不安定になります。しっかりリセットしたい筋肉です。

こんな方にやってほしい

長座や寝た状態のとき、膝が浮く／膝が伸びにくい
長座や寝た状態のときにつま先を伸ばすとかかとが浮かない
立ったときに膝が曲がって見える
脚をそろえると、ふくらはぎ、くるぶしがつかない
膝の向きとつま先の向きが違う

膝関節周りの筋肉図

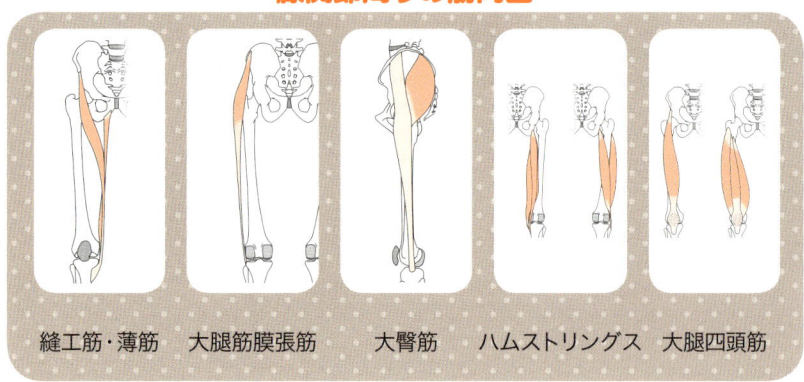

| 縫工筋・薄筋 | 大腿筋膜張筋 | 大臀筋 | ハムストリングス | 大腿四頭筋 |

膝関節のリセットコンディショニング
膝関節トントン

フォーム
脚を投げ出して座ります。片方の脚はリラックス、片方の脚は真っすぐに伸ばし、膝下にはタオルを丸めて入れて、重力から解放しておきます。また、硬い筋肉は2本の指でリセットしたい筋肉をおさえます。

コンディショニング
① **トントン**：膝上を持ち、脚を持ち上げタオルに膝をトントンとおしつけます（屈曲伸展）。リセットしたい筋肉に指をおし当てます。

終了後の感覚
膝関節が動かしやすくなります。片脚終了後に左右の脚を比べてみると、膝が沈んだり、脚が長くなったりします。

こんな時に！
・練習前は毎回。
・長座のときに膝が伸びづらい
・立ったときに膝が曲がって見える

POINT
脚の力を抜いて膝裏をしっかりタオルにおしつける

トントンの際は、しっかりタオルに膝裏をおしつけます。できるだけ脚の力を抜き、動かします。おさえる場所、動かし方はやりやすいように行ってもかまいませんが、おさえている場所がずれないようにしっかりおさえて動かします。

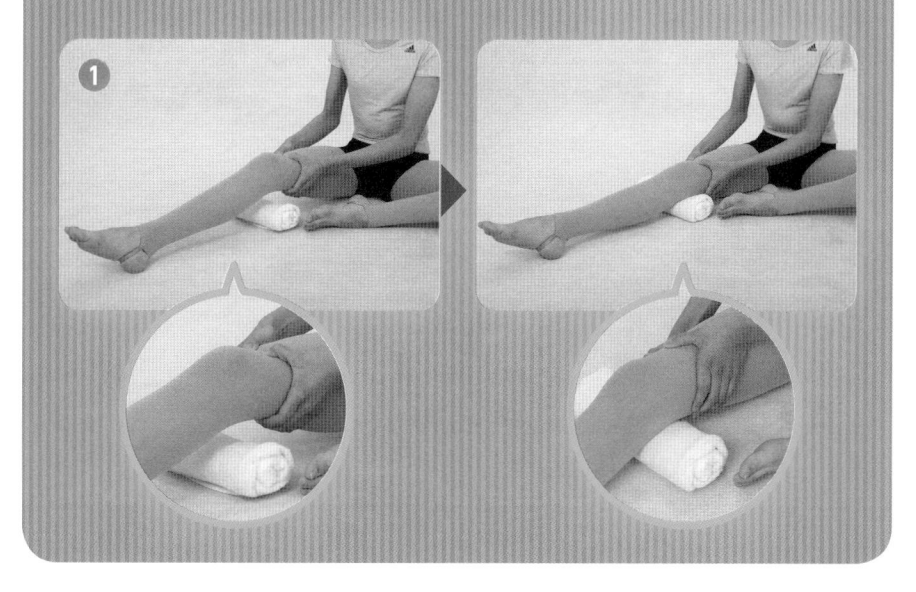

コンディショニング

2. **腸脛靭帯**：膝の外側には、大腿二頭筋、大腿筋膜張筋、大臀筋がまとまって腸脛靭帯となっています。そこをおさえてクルクルトントンします（膝外旋筋のリセット）。
3. **鵞足**：膝の内側には鵞足と呼ばれる縫工筋、薄筋、半腱半膜様筋がついている箇所があります。そこをおさえてクルクルトントンします（膝内旋筋のリセット）。
4. **大腿四頭筋**：膝のお皿の中を通って、すねの骨についています。そこをおさえ、トントンします。

こんな時に！

- 脚をそろえると太ももやくるぶしがつかない
- つま先とかかとの向きが違う
- 膝が伸ばしづらい

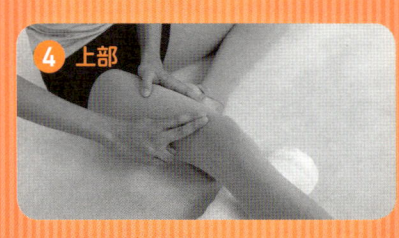

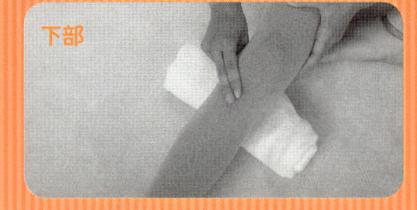

腸脛靭帯

鵞足

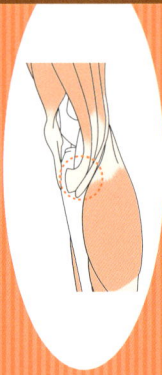

④ 上部

下部

大腿四頭筋

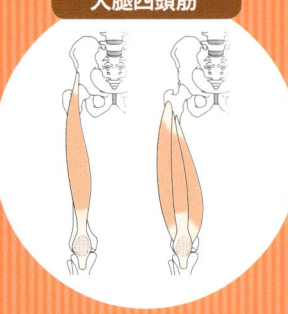

※股関節と膝関節の内容は重複しています。お互いに影響し合っているため両方行うことをお勧めします。

7 足関節のリセットコンディショニング
〜足首、足部、足裏、足指のコンディショニング〜

ふくらはぎ、すねの筋肉をリセットする

　足首、足部、足裏、足指のリセットコンディショニングです。ふくらはぎ・すねの筋肉（下腿の筋肉）をリセットします。これらの筋肉は、足首の中を通り、足の甲や、足裏についています。アキレス腱はふくらはぎの大きな筋肉である下腿三頭筋の腱であり、かかとについています。足指を動かす筋肉も下腿に集中しています。この部位の疲労が重なると、アキレス腱炎、シンスプリント、足底筋膜炎、中足骨の疲労骨折などの故障のきっかけになります。しっかりリセットしたいところです。

こんな方にやってほしい

足裏が疲れている（アーチが落ち扁平気味）／ふくらはぎが張っている／足指が浮いていたり、丸まっていたりする／足裏の体重のかかり方が偏っている／壁立ちの時、かかとを持ち上げて立てない。不安定／つま先立ちがふらつく

足関節周りの筋肉図

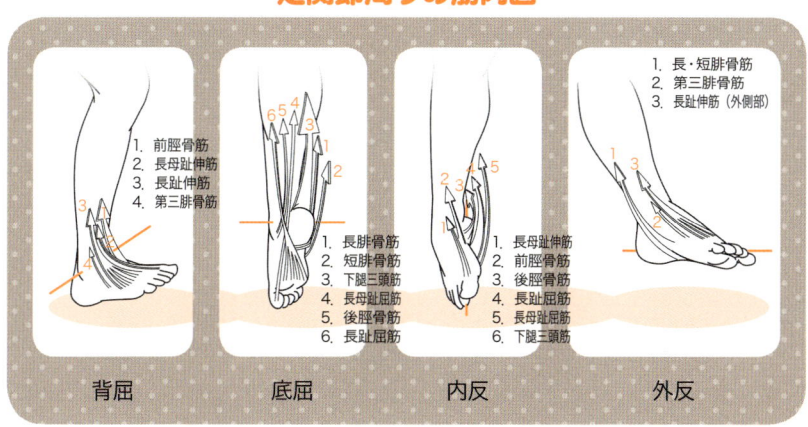

背屈	底屈	内反	外反
1. 前脛骨筋 2. 長母趾伸筋 3. 長趾伸筋 4. 第三腓骨筋	1. 長腓骨筋 2. 短腓骨筋 3. 下腿三頭筋 4. 長母趾屈筋 5. 後脛骨筋 6. 長趾屈筋	1. 長母趾伸筋 2. 前脛骨筋 3. 後脛骨筋 4. 長母趾屈筋 5. 長趾屈筋 6. 下腿三頭筋	1. 長・短腓骨筋 2. 第三腓骨筋 3. 長趾伸筋（外側部）

足関節のリセットコンディショニング

指わけ

フォーム
脚を投げ出して座ります。片方の膝の下にはタオルを入れ、その上に足をのせます。

コンディショニング
1. 足の指を1本ずつ丁寧に分けていきます。指の間を開くようにしっかり動かします。指の間が痛い場合は、中足骨の疲労骨折の恐れがあります。痛みのある指は丁寧に行いましょう。

終了後の感覚
足指が真っすぐになります。
立ったときにしっかりと重心をのせられます。
足指で立ちやすくなります。

こんな時に！
・練習前や入浴時は毎回
・足裏や足の甲が疲れている
・足裏の痛み、足の甲の痛み、脛の痛みがある

POINT
丁寧にゆっくり行う
足部は丁寧に時間をかけましょう（お風呂の中で行ってほしい）。指をわけるつもりで指の股をしっかり開きましょう。

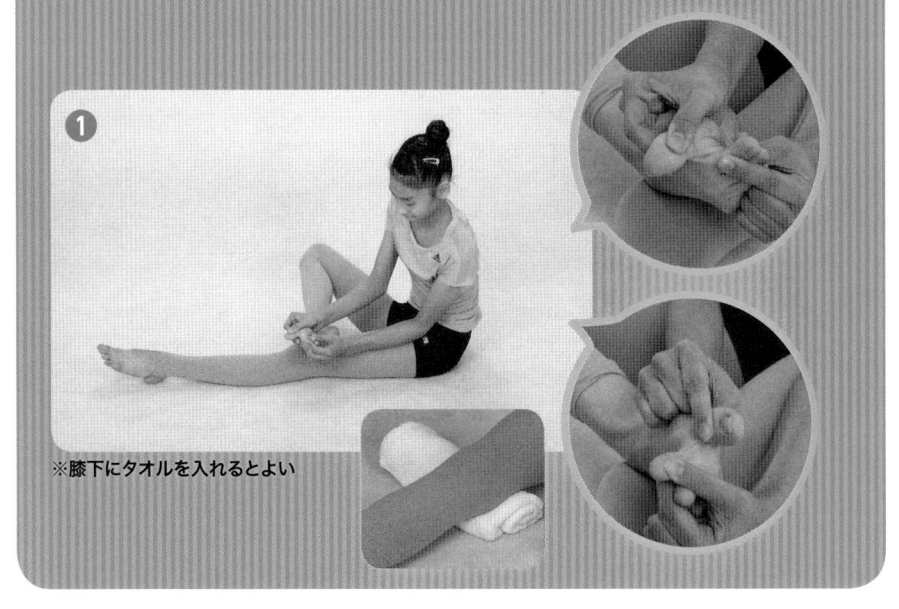

①
※膝下にタオルを入れるとよい

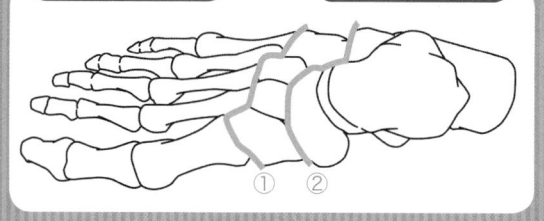

足関節のリセットコンディショニング
リスフラン・ショパール

フォーム
脚を投げ出して座ります。片方の膝の下にはタオルを入れ、その上に足をのせます。

コンディショニング
1. リスフラン関節の部分を手でおさえ、底屈・背屈方向に動かします。
2. ショパール関節の部分を手でおさえ、底屈・背屈方向に動かします。
3. リセットしづらい場合には、足裏でボールを踏むとリセットできます。

終了後の感覚
足指が真っすぐになります。立ったときにしっかりと重心をのせられます。足指で立ちやすくなります。

こんな時に!
- 練習前や入浴時は毎回
- 足アーチが落ちている
- 足裏が疲れている
- 足裏の痛み、脛の痛みがある

POINT
丁寧にゆっくり行う
足部は丁寧に時間をかけましょう（お風呂の中で行ってほしい）。関節を開くつもりで行います。

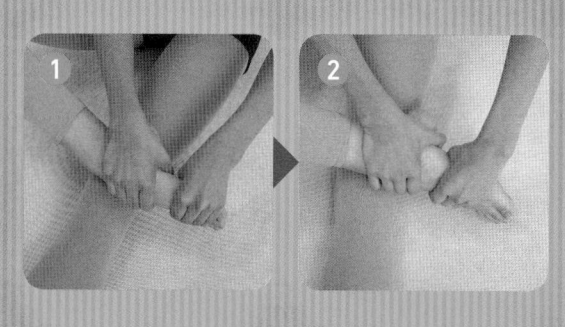

①リスフラン関節　②ショパール関節

足関節のリセットコンディショニング
かかとゆすり／足首グルグル

フォーム
脚を投げ出して座ります。片方の膝の下にはタオルを入れ、その上に足をのせます。

コンディショニング
1. **かかとゆすり**：かかとを握り、足首をゆするように動かします。脱力した状態で足首がふらふらと動くように動かします。
2. **足首グルグル**：足指と手を握手するようにしっかりと組み合わせます。反対の手は足首より少し上に添え、足首を回します。円を描くように内回しと外回しを行います。

終了後の感覚
足指が真っすぐになります。立ったときにしっかりと重心をのせられます。足指で立ちやすくなります。

こんな時に！
・練習前や入浴時は毎回
・ふくらはぎが疲れている
・アキレス腱が痛い
・脛に痛みがある
・足の疲労回復、故障予防

POINT
丁寧にゆっくり動かす
足部は丁寧に時間をかけましょう（お風呂の中で行ってほしい）。関節を開くつもりで行います。

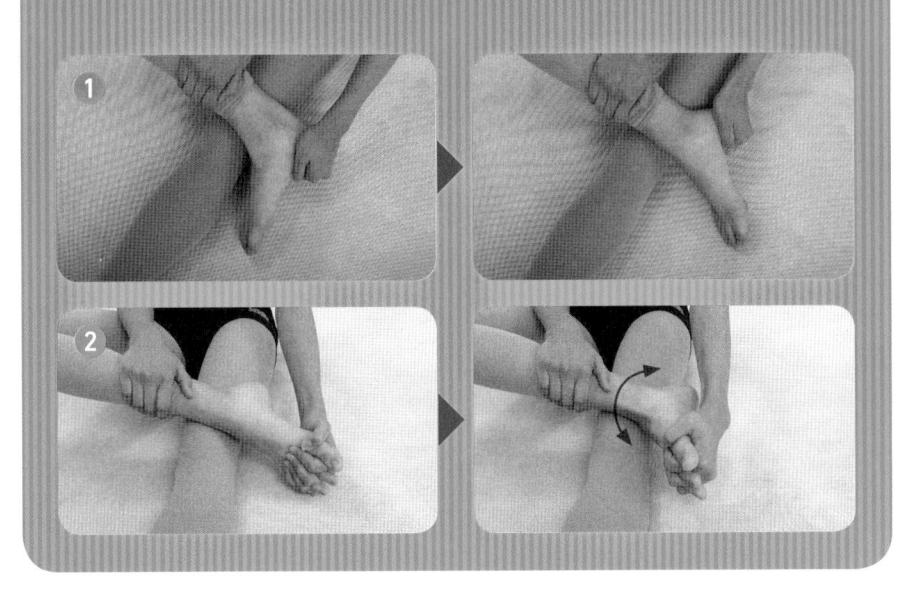

足関節のリセットコンディショニング
ふくらはぎのリセット

フォーム
楽な姿勢で床に座り、片方の膝を立てます。ふくらはぎを両手で包みます。

コンディショニング
1. ふくらはぎを丁寧に手のひらでさすります。手のひらをぴったりとつけ、アキレス腱から膝裏までさすります（写真は片手の場合）。
2. ふくらはぎで硬い箇所をおさえてつま先を持ち上げます。最後は膝裏に指をあてつま先を持ち上げます。

終了後の感覚
足指が真っすぐになります。立ったときにしっかりと重心をのせられます。足指で立ちやすくなります。

こんな時に！
- 練習前は毎回
- ふくらはぎにはりがある
- アキレス腱痛
- 膝裏にはりがある
- 膝が伸びづらい

POINT
気持ちのよい場所を探す
硬い箇所は膝裏の下や真ん中あたりと、個人差があります。気持ちよい場所を探しましょう。

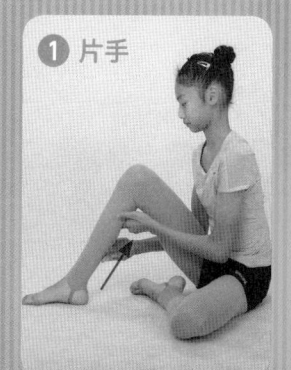

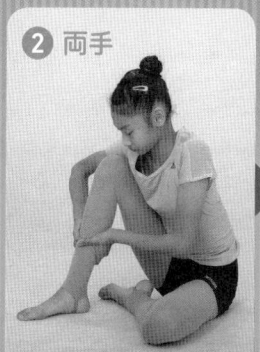

❶ 片手

❷ 両手

8 ポールを使うリセットコンディショニング
～寝ているときと同じ状態で行うコンディショニング～

棘突起にアプローチできるポールの話

　この道具はご存知の方もとても多くなりましたが、その特徴を正しくとらえて使っている方のほうが少ないように見受けられます。実は、丸いポールよりも半円のハーフカットのほうが効果的です。ポール上で安定して動くことが大切だからです。

　このポールの使い方の特徴は、ポールの山にあります。**背骨のポコッと出ている骨（棘突起）を、ポールの山に隙間なく当てることが大切です。**このとき、特にリセットコンディショニングのときには、首の下にタオルを入れることを忘れてはなりません。こうすることにより、身体を重力から解放させています。リセットコンディショニングは寝返りの原理の応用とお伝えしていますが、棘突起がポールに当たっていることで、眠っているときと同じような身体の状態を獲得することができます。

　また、コアのトレーニング（コアトレ）にも、とても便利な道具です。後半のアクティブコンディショニングのときには、軸の安定と動きを連動させることができます。

　コアトレ時に背骨をポールに預けて手足を動かす際に、コアが確立できてないとぐらつきます。目指すはポールの上で手足を自在に動かすことです。また、立位時においても、ポールに乗ったときにコアを使って軸を安定することができなければ、身体が斜めになるなどしてしまいます。ポールを利用することによって、コアの様子を確認しながら、トレーニングを進めることができます。

ボディコンディショニングポール（ハーフ）　　ハーフポール利用例

ポールを使ったリセットコンディショニング
胸椎クルクルトントン

フォーム
ポールに乗り首の下にタオルを入れ、頭がポールから出ないようにします。

コンディショニング
1. 両腕を「前にならえ」にします。両腕を天井のほうに向かってリズミカルに上げたり下ろしたりします。手の高さを変えることでリセットできる場所が変わります。
2. 次に片手ずつ交互に上げたり下したりします。手の高さを変えることでリセットできる場所が変わります。

終了後の感覚
背中が楽になります。寝ているとき、壁つきのときに背中がつきます。 腕の上がりがよくなります。

POINT
達人は腕の高さを変えられる
指先の力は抜きます。できるだけ小さくリズミカルに動かします。胸椎は12個あります。腕の高さを12段階に変えられると達人です。

① 両腕

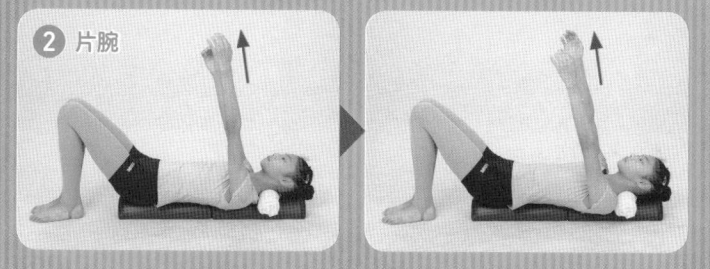

② 片腕

ポールを使ったリセットコンディショニング

腰椎クルクルトントン

フォーム
ポールに乗り首の下にタオルを入れ、頭がポールから出ないようにします。

コンディショニング
1. 両脚をそろえます。膝を腰幅より狭く、左右に小さく振ります
2. 両膝を股関節の上まで持ち上げます。両膝を小さく前後に動かします。次に片方ずつ動かします。膝の位置を股関節の上、おへその上、みぞおちと変えることで腰椎の動く場所が変わります。

終了後の感覚
ポールから降りたとき、背中が床にべったりと着いた感じがします。ついたときに左右差がなくなっています。身体がリラックスしています。肩関節の可動が広がっています。

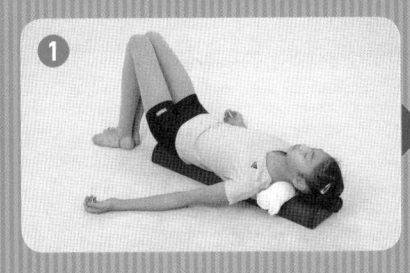

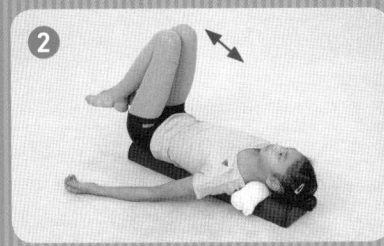

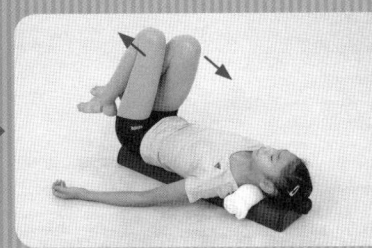

POINT
達人は膝の位置を変えられる

膝はつけたまま、つま先の力は抜きます。できるだけ小さく、リズミカルに動かします。腰椎は5個あります。膝の位置を5段階に変えられると達人です。

ポールを使ったリセットコンディショニング
両腕クルクル

フォーム
ポールに乗り首の下にタオルを入れ、頭がポールから出ないようにします。

コンディショニング
1. 手の甲と肘から下を床につけたまま、腕を上げ下げします（外転・内転）。
2. 肩に動きづらさを感じたら、その場で手をクルクル回します（内外旋）。そして上下（外転・内転）します。これを繰り返します。

終了後の感覚
肩が楽になり可動が出ます。

POINT

肘が床から浮かないように

腕を脱力して動かします。肘が床から浮かないように気をつけます。

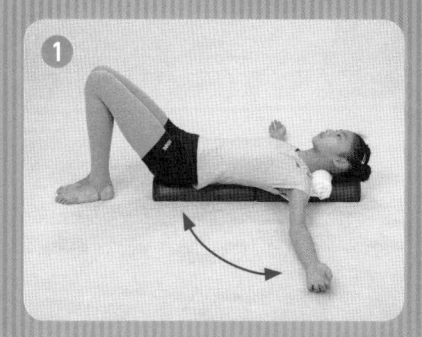

COLUMN #4

栄養の話<2>

夕食はタンパク質と野菜中心に。間食はなし

　タンパク質も、糖質も、ミネラル、ビタミンがなくては機能しません。実際の食事や栄養補給の場面では、次のことを選手に提案しています。

朝食と昼食
▶好きなものを食べてOKです。ただし、野菜、温かな汁物を最初にいただきましょう。総カロリーを気にするよりも好きなものを少しずつ我慢せずに食べます。栄養素のバランスは少し考えましょう。タンパク質を3種類摂取します。お魚・お肉・植物性（大豆・豆腐・枝豆・お味噌など）・乳製品（牛乳・チーズ・ヨーグルトなど）から3種類はとります。

練習前
▶エネルギー源を確保します（おにぎり、サンドイッチなど）。スポーツ飲料を3倍に薄めるか、レモンのはちみつ漬けをつくり、水で薄めます。長時間の練習になるなら、この飲料を練習の合間に飲みます。

練習後
▶エネルギーをすぐに確保します。はちみつレモンの水割りかグレープフルーツジュースを100cc程度飲みましょう。酸っぱいものに入っているクエン酸で疲労回復を図ります。甘い果汁やはちみつはエネルギー補給です。その後、アミノ酸のサプリメント、ゆで卵、チーズなどのタンパク質を必ずとります（練習後の筋肉の修復のため）。

夕食
▶炭水化物はとりません。野菜とタンパク質中心の食事にします。寮などで炭水化物中心の食生活を強いられる場合には、常備菜としてピクルスを提案しています。ぬか漬けもいいでしょう。赤・緑・黄色・白と色とりどりの野菜を漬けましょう。そして缶詰です。缶詰はタンパク質の宝庫、たくさん常備しましょう。間食は基本なしです。どうしてもおなかがすいたときは、チーズ・ナッツをいただきます。身体は食べ物でできています。ちゃんと食べることは強くなることにつながるのです。

第5章

アクティブコンデショニング

アクティブコンディショニングの実施方法
～使えていない筋肉をトレーニングで再教育する～

息を吐いてコアを働かせながら、筋肉を意識する

　アクティブコンディショニングは、使えていない筋肉を正しく動けるように再教育する方法です。それは筋力トレーニングです。実施する際の最大の特徴は、息を吐きながら、筋肉を徹底的に意識するという点です。

　息を吐くと、コアといわれる横隔膜・腹横筋・多裂筋・骨盤底筋群の筋肉がきちんと働くようになります。息を吐くことによってコアを働かせ、身体の軸を安定させようとする、人間が本来持っている能力を引き出します。動くときにコアを働かせて軸を安定させることは、すべてのスポーツにとってパフォーマンスの向上に必要不可欠です。特に、軸の安定がパフォーマンスに影響を与える表現スポーツの選手のみなさんは、演技で技を決めるときに息を吐く習慣をつけていただきたいと思います。息を吐くことで、安定して動けるはずです。

　動かす筋肉を徹底的に意識するのは、その筋肉に脳から信号をたくさん送るためです。使えなくなっている筋肉は脳からの信号を受け取れなくなっているために、動かないことが多いようです。その結果、代償という使わなくていい筋肉を働かせてしまうのです。徹底的に意識して脳からの信号をシャワーのように浴びせることで、その筋肉に信号が届くようになり、使いたい筋肉が動いている様子を感じられて、動かしやすくなります。筋肉に意識を向けにくい場合には、ターゲットとなる筋肉に触れて、さすってみるとよいでしょう。

　また、使いすぎている反対側の筋肉（拮抗筋）をトレーニングすることは、使いすぎている筋肉の働きを回復させることにもなります。これは、人間の身体に備わっている、相反性の神経支配という反射機構を利用しています。練習中に筋肉の使いすぎでバランスが悪くなることがあります。拮抗筋のトレーニングは、練習中にも積極的に利用してほしいアクティブコンディショニングです。

表現スポーツの選手のみなさんの使えていない筋肉は、ほぼわかってきています。人によってもそのバランスはさまざまですが、自分がトレーニングすると調子がよくなる筋肉を知っておくことも大切です。調子がよくなると動きやすくなったり、技がスパッと決まったり、安定して働けるようになる感覚を感じます。
　これからご紹介するアクティブコンディショニングは、何度か行ってみて調子がよくなるもの、また、とりたい姿勢がとれるようになるものがあるでしょう。自分の身体を感じながら、トレーニングしましょう。

アクティブコンディショニングのポイント

・正しいフォームで行う

フォームをとる際に注意ポイント、自分の身体の目印を、きちんと理解して行いましょう。

・息を吐きながら動かす
（20〜30回動かします。最初は分けて行ってもOK）

息を吐くときには、横腹が中央に縮む、背骨が立ち上がる感覚を身につけます。常にコア(横隔膜・腹横筋・多裂筋・骨盤底筋群)が働くことが一番重要です。アクティブコンディショニング中、息をとめていないか注意しましょう。

・動かす筋肉を意識する
（意識することがとても大切です）

使えていない筋肉は、感じることも動くこともできにくくなっています。ここに出てくる筋肉をイメージしながら、動きにくい場合はさするようにすると、、。動きやすくなります。

1 腹横筋のアクティブコンディショニング
～基本中の基本のコアトレ。意識する筋肉は腹横筋～

　基本中の基本のコアトレ。息を吐いたときに、腹横筋がきちんと動くことを身につけましょう。脚をそろえると骨盤底筋群にも自然と刺激が入ります。緊張したときにはアブブレスを行うと心が安定し、気合いを入れたいときにはストロングブレスを行うと軸が整い、効果的です。

アクティブコンディショニング
アブブレス・ストロングブレス

フォーム
手をLの字にして、脇腹（くびれ部分）に当てます。膝を立て、膝と足をそろえます。座姿勢、立ち姿勢でも脚をそろえます。
※脚をそろえると骨盤底筋群に信号が入りやすくなる。

コンディショニング
① **アブブレス**：腹横筋の反応を高めます。息を「はぁ～」と70％程度吐きます。このとき手を当てている場所が細くなるのを感じます。気持ちが高ぶっているとき、不安なときはゆっくりと吐くことを繰り返しましょう。
② **ストロングブレス**：腹横筋のトレーニングです。息をひと息吸い5回続けて吐きます。少し強く、吐ききるようにします。おなかが締まることを感じます。気合を入れたいとき、軸をしっかり作りたいときはこの方法を行います。
※立っていても座っていても、脚をそろえると同じ効果。

終了後の感覚
おなかやウエストが細くなっています。身体が安定し、立ちやすくなります。

こんな時に！
腹横筋を意識
・トレーニング前
・技の前
・軸がぐらつく
・緊張時

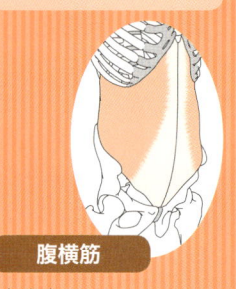

腹横筋

POINT
身体の真ん中（かかと・膝・恥骨・胸骨・鼻筋）を感じながら行います。腹横筋、ウエストあたりに意識を向けます。
★反応をよくするには：当てる手のL字を前から後ろへほんの少し動かすと動きやすくなります。

① ハ～
② ハッハッハッハッハッ

2 回旋筋のアクティブコンディショニング
～基本中の基本のコアトレ。意識する筋肉は腹横筋～

回旋に左右差があってうまく回れないとき、軸がぐらつくときなどに行いましょう。回旋がうまくいかないのは、骨盤の動きに左右差があるため、視線の使い方が左右で異なり頸椎と胸椎周りの筋肉の動きに左右差があるためです。回旋系、ひねりの前に行うとパフォーマンスが安定します。

アクティブコンディショニング
コアツイスト

フォーム
あお向けに脚をそろえて寝ます。脚をそろえることで骨盤底筋群にも刺激が入り、回旋をズムーズにさせます。かかと、膝、恥骨、おへそ、胸骨、鼻筋を一直線に保ち、真ん中を意識します。

コンディショニング
① 胸椎：腕を胸骨の真上に揃え、肩幅に小さく振り、回旋動作を行います。左右差を確認しましょう。

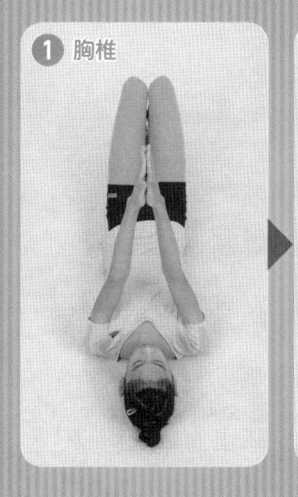

① 胸椎

こんな時に!
軸(真ん中)を意識
・回転前
・動いたときに左右差がある
・頭の動きに左右差がある
　足の動きに左右差がある

腹横筋

①の調整：視線による姿勢反射
回しにくいほうに視線だけを5回ほど向けます。調整後に回しやすくなっています。再度回旋動作を行い、左右差がまだあれば再度調整します。

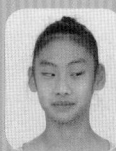

コンディショニング（続き）

② 腰椎：そろえた脚の膝頭を骨盤幅に小さく振り、回旋動作を行います。左右差を確認しましょう。

終了後の感覚
回旋動作を行いやすく、捻りやすく、回りやすくなっています。

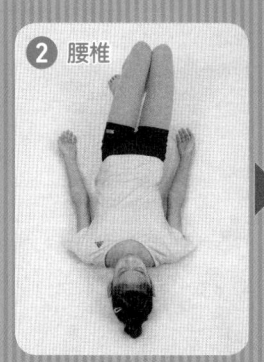

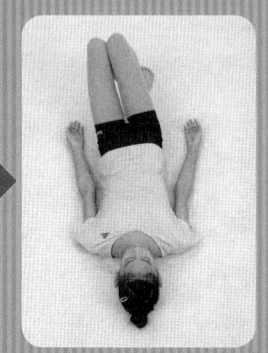

② 腰椎

POINT
身体の真ん中（かかと・膝・恥骨・胸骨・鼻筋）を感じながら行います。筋肉を意識するというより、背骨や身体の真ん中（軸）を意識します。
★反応をよくするには：視線による姿勢反射、骨盤の動きで改善。触れることのできる範囲の棘突起をさすります。

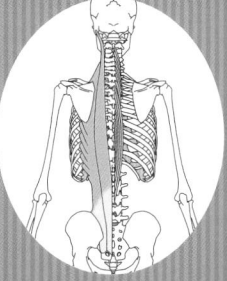

回旋筋群

多裂筋

② の調整：股関節グルグル

回しにくいほうの脚を伸ばします。脚を、内回し⇒膝を立てる⇒外回し⇒脚を伸ばすの順に動かします。調整後に回しやすくなっています。再度回旋動作を行い、左右差がまだあれば再度調整します。

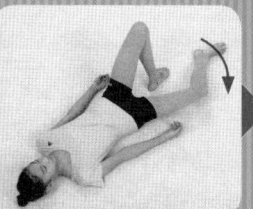

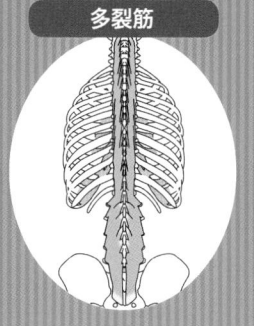

3 多裂筋のアクティブコンディショニング
～背骨が立ち上がる感覚で行う。意識する筋肉は多裂筋～

うつ伏せで呼吸することで腹横筋が反応し、多裂筋の反応を引き出します。息を吐くとき、腹横筋が収縮し、その結果、へそが引き込まれ、多裂筋が椎間を安定させるように働きます。意識しづらい動作ですが、背骨に意識を向けながら行います。上体を起こすとき、腕を上げるとき、ひねるときに、背骨を反らす意識ではなく、背骨が立ち上がる感覚を身につけることにより、背骨の負担が減り、腰痛を予防できます。

アクティブコンディショニング
フェイスダウンブレス

フォーム
うつ伏せに寝ます。額の下に手を入れ、あごを引いて寝ます。おへその下にタオルを丸めたもの入れ、腹圧を高めた状態を作ります。かかと、恥骨、背骨を一直線に保ちます。

コンディショニング
① **基本のフェイスダウンブレス**
うつ伏せのまま、息を吐きます。息を吐く時に、タオルからおへそを浮かすように息を吐きましょう。

② **肘つきフェイスダウンブレス**
肘をつき、上体を起こします。うつ伏せと同じようにおへそが浮くように息を吐きます。

終了後の感覚
終了後に立ち上がると、背が高くなった感覚。おなかがへこみ、ドスンと立てる感覚があります。

こんな時に！
背骨の立ち上りを意識
・反りづらくなった
・背中のはり
・腰痛時

POINT
背骨が立ち上がるイメージで
（①②共通）おへそを身体の中に押し込まれるイメージを持ちます。背骨1本1本が立ち上がるような感覚を意識します。（②）頭を背骨の延長に置くように注意します。

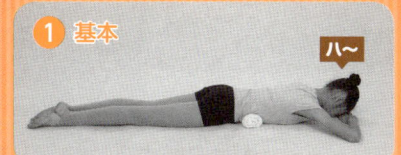

① 基本　ハ～
② 肘つき　ハ～

※②をさらに上体を上げるとスパインエクステンションになる。

コンディショニング

3 片手と両手アップ
肘つきの状態から、息を吐きながら、おへそを引きこむようにしながら、片手を持ち上げます。両手をあげる時も同じです。

4 両手アップ回旋
ボールをタオル代わりに入れると不安定要素が増します。かかとから背骨の一直線を意識し、真ん中を意識しながら、身体をひねります。ゆっくり丁寧にひねりましょう。

終了後の感覚

（③）腕を動かすときに、身体への負担が減ります。腕が動かしやすくなります。
（④）身体をひねりやすくなり、ひねりに左右差がなくなります。

POINT

（③）持ち上げている手に身体を持って行かれないように、息を吐いて安定させます。背中を反らせる意識ではなく、呼吸で背骨が立ち上がる意識をもちます。両手上げは負荷がかかります。頭の位置を背骨の延長上に保ちます。背骨1本1本が立ち上がるような感覚を意識します。

POINT

（④）かかと、背骨、頭を一直線に保ちます。左右同じようにひねります。上体を上に引き上げると同時に、ひねることを意識します。
★反応をよくするには：仙骨をさすります。触れる範囲の棘突起をさすります。

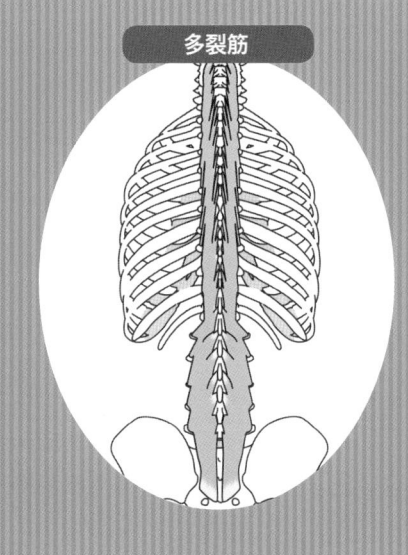

多裂筋

3 片手アップ

両手アップ

4 両手アップ回旋

4 ハムストリングスのアクティブコンディショニング
～意識する筋肉はハムストリングス～

　股関節伸展、膝関節屈曲するハムストリングスの筋力トレーニングです。股関節が動きにくい、脚が高く上がらないのは、股関節屈曲筋の使いすぎです。膝が曲がって膝から下が膝と同じ方向を向かないのは、腿裏が使えていないからです。このアクティブコンディショニングはどの場面でもできます。故障を予防するので、できるだけ毎日行ってください。

アクティブコンディショニング
レッグカール

❶レッグカール・うつ伏せ

フォーム
うつ伏せに寝ます。額の下に手を入れ、あごを引いて寝ます。
おへその下にタオルを丸めたもの入れ、腹圧を高めた状態を作ります。かかと、恥骨、背骨を一直線に保ちます。

コンディショニング
息を吐きながら、おへそを奥に押し込むと同時に、かかとをお尻に当てるように膝を曲げます。

こんな時に！
腿裏を意識
・脚の疲労時
・脚が上げづらい
・脚が伸びづらい
※強度を上げる場合

POINT
息を吐きながら曲げる
股関節やお尻が持ち上がるときには、股関節にもタオルを丸めて入れます。息を吐くと同時に行うことが大切です。

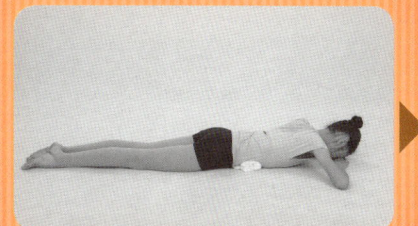

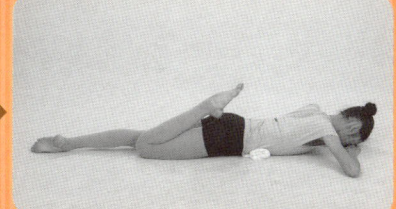

❷ レッグカール・膝つき
（上体と股関節の連動）

フォーム
片膝をついた姿勢です。前脚の膝角度は約90度、後ろ脚は股関節が伸展するように、膝を少し後ろにつきます。上体は真っすぐに保ちます。

コンディショニング
息を吐きながら、膝を曲げ、かかとをお尻につけるように曲げます。腿裏全体の筋肉を意識します。

POINT
上体を真っすぐに保つ
身体が前に倒れたり、股関節が折れたりすることがないように上体を保ちます。かかとがお尻にはつきませんので、（つくような気持ちで）息を吐くと同時にハムストリングスを意識することが大切です。

股関節伸展筋

❸ レッグカール開脚・フェイスダウン
（開脚しやすくなる）

フォーム
前後開脚を行います。骨盤の前に出ている骨を前方に向けます。かかと内側、恥骨中央、おへそ、胸骨を真っすぐに保ちます。

コンディショニング
息を吐きながら、膝を曲げ、かかとをお尻につけるように曲げます。腿裏全体の筋肉を意識します。

POINT
ハムストリングスを意識する
身体の真ん中（かかと内側、恥骨中央、おへそ、胸骨）を意識しながらの、ハムストリングスの強化です。かかとはお尻にはつきませんので、（つくような気持ちで）息を吐くと同時にハムストリングスを意識することが大切です。

❹ レッグカール・開脚
(開脚と股関節・上体との連動)

フォーム
前後開脚を行います。上体を起こし、骨盤の前に出ている骨を前方に向けます。かかと内側、恥骨中央を真っすぐに、そして立ち上がった上体は恥骨中央とおへそ、胸骨、鼻筋を真っすぐに保ちます。

コンディショニング
息を吐きながら、膝を曲げ、かかとをお尻につけるように曲げます。腿裏全体の筋肉を意識します。

強度を上げる
股関節を180度以上開くための最終的なアクティブコンディショニングです。ハーフボール（7.5cm）を前後の膝下に入れます。骨盤が床につくことが大切です。つかない場合はタオルなどを入れ、股関節を重力から解放して、1cm、2cmと少しずつ高さを上げます。無理に行うと伸張反射がでるので気をつけます

POINT — 背中を真っすぐに立ち上げる意識で
上体を反らせる意識ではなく、背中を真っすぐに立ち上げる意識で行います。おへそを正面に向ける意識です。かかとはお尻にはつきません。（つくような気持ちで）息を吐くと同時にハムストリングスを意識することが大切です。

❺ レッグカール・立位 or 歩き
(W -up やフロアーでも簡単にできる)

フォーム
立ったままもしくは歩きながら行います。真ん中の軸を意識します。上から背中を真っすぐに立ち上げる意識で行います。手は腹横筋に添えます。

コンディショニング
息を吐きながら、膝を曲げ、かかとをお尻につけるように曲げます。腿裏全体の筋肉を意識します。歩行の際は小さく前進します。

終了後の感覚
（①〜⑤共通）腿前のはりがとれます。股関節屈曲＝脚が上がりやすくなります。膝関節伸展＝膝がしっかり伸び、脚の安定感が増します。ハムストリングスが柔らかくなります

POINT — 膝は身体の真下にあること
上体が反らないよう注意して、背中を真っすぐに立ち上げる意識で行います。膝が身体の真下にあることが大切です。
★反応をよくするには：膝裏からお尻にかけてハムストリングスをさすります。

5 腹直筋下部のアクティブコンディショニング
～意識する筋肉は腹直筋下部～

　身体を丸める筋肉である腹直筋の反応を高めます。特に下腹部が使えていないと、大腰筋の緊張が強くなり、腰痛の原因にもなります。股関節が曲がって見える、お尻がつき出ている選手には必須の種目です。

※腹筋運動ではお腹は凹むもの。お腹がふくれる方は、大腰筋を使う股関節の屈曲運動になっています。腹筋運動は、腿に胴体を近づける運動ではなく、みぞおちを恥骨に近づける運動です。

アクティブコンディショニング
シットアップブレス

フォーム
肩甲骨の下にバスタオルを入れます。写真のハーフポールのほか、クッションでも枕でも使って、身体が斜めになるような姿勢をとります。

コンディショニング
息を吐きながら、お腹なかをえぐるように息を吐きます。そのときにおなかがふくらまないように、下腹部を手でおさえます。
※強度を上げる：おなかが凹むようになったら、肩甲骨をタオルから持ち上げるようにします。

終了後の感覚
前屈が楽になります。下腹部がペタンコになります。股関節が真っすぐになります。

こんな時に！
腹直筋下部を意識
・お尻をつき出して立っている
・下腹部が出ている
・股関節が屈曲している

POINT
おなかをえぐるように
おなかをえぐる意識で、おなかを凹ませるようにすることが大切。肩甲骨を持ち上げるときには、みぞおちを恥骨に近づけるように意識します。

腹直筋

※強度を上げる場合

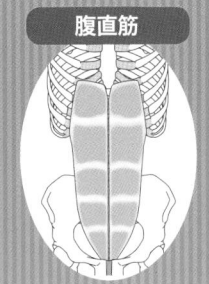

6 腹直筋のアクティブコンディショニング
～意識する筋肉は腹直筋～

シットアップブレスと同様に腹直筋の反応を高める種目です。腹直筋で身体を支える意識をつくります。シットアップブレスがうまくできるようになったら、姿勢を大腰筋だけでなく、腹直筋で保つよう意識します。腿の前や股関節に緊張を感じるときは、腹直筋で支えられていないときです。

アクティブコンディショニング
アブプレップ

フォーム
坐骨に座り、三角に立てた脚は中央でそろえ、真ん中を意識します。手を膝に預け、背中を真っすぐにしたまま少し後ろに倒します。尾骨から頭まで一直線の意識です。

コンディショニング
息を吐きながら、おなかをえぐるように息を吐きます。

終了後の感覚
立位姿勢や身体を反るときに、おなかと背中で支えられ、姿勢が安定します。終了後に立ち上がると背が高くなった感覚、おなかが凹み、ドスンと立てる感覚があります。

こんな時に！
みぞおちから下腹部を意識
・上体がぶれる
・股関節にはりを感じる

POINT
おへそを引きこむ
おへそを奥に引きこむ意識をもちます。おなかで身体を支えている意識です。腿前や股関節に緊張がある場合、上体を倒す角度を浅くします。
☆**反応をよくするには**：みぞおちから恥骨に向けてさすります。

7 内外腹斜筋のアクティブコンディショニング
～意識する筋肉は内外腹斜筋。身体を左右均等にひねる～

腹直筋で身体を支えながら、内外腹斜筋で身体をひねることをトレーニングします。身体をひねるときには、背部の回旋筋群でひねりがちです。おなかを斜めに走っている筋肉まで使えると、ひねりが安定します。

アクティブコンディショニング
アブクロス

フォーム
坐骨に座り、三角に立てた脚は中央でそろえ、真ん中を意識します。手を膝に預け、背中を真っ直ぐに保ちます。尾骨から頭まで一直線の意識です。

コンディショニング
息を吐きながら、片肘を後ろに引き、身体を斜めに倒します。身体の真ん中を意識して身体をひねります。

終了後の感覚
身体をひねりやすくなります。ひねりに左右差がなくなります。

こんな時に！
横腹を意識
・ひねりに左右差がある
・フェイスダウンプレス（P110）に左右差がある

POINT
身体の真ん中（軸）を意識します。おなかをえぐるように意識して、おなかを凹ませるようにひねります。
☆反応をよくするには：肋骨下部を外側からおへそに向けてさすります。

内外腹斜筋

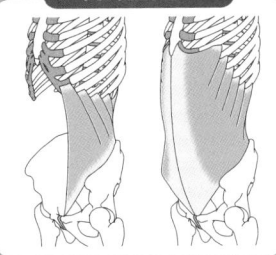

8 外旋六筋のアクティブコンディショニング
～膝を伸ばし股関節外回し。意識する筋肉は外旋六筋～

アブダクション、アダクションを行って筋肉が意識しにくい場合には、股関節の外回しだけを行うコンディショニングです。膝を伸ばしやすく（曲がるとすぐにわかります）、脚の外回しだけに意識できるのが特徴です。

アクティブコンディショニング
ヒップジョイントターン

フォーム
脚を伸ばして坐骨に座ります。かかとと膝を真ん中でしっかりと合わせ、センター（軸）を意識します。

コンディショニング
そのまま、膝を外に向けるように、腿全体を外に回します。お尻の下（仙骨あたり、外旋六筋）を意識して脚を外に回します。

終了後の感覚
膝が真っすぐに伸びます。股関節が外に回しやすくなっています。脚がしっかりと伸ばせ、軸が安定します。

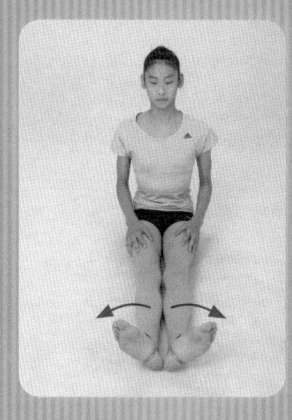

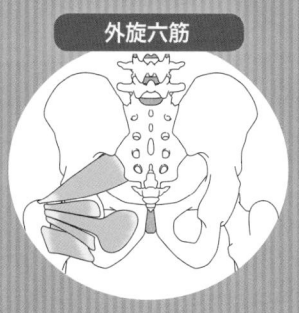

こんな時に！
脚の外回しを意識
- ⑨と⑩が意識できない
- ⑨と⑩の準備運動
- 練習中の休憩時にできる

POINT
身体の真ん中（軸）を伸ばして行う

脚は真ん中でぴったり合わせ、膝はしっかり伸ばしたまま回します。背すじもしっかり伸ばしたまま行いましょう。

☆反応をよくするには：腿の横から、お尻の下へ向けてさすります。

外旋六筋

9 中臀筋のアクティブコンディショニング
〜意識する筋肉は中臀筋後部と外旋六筋〜

　膝が内向き（ニーイン）膝から下が外に向いている（トーアウト）この姿勢は、競技生活に支障をきたす故障につながりますし、またパフォーマンスも落ちます。多くの選手はこの姿勢になっていることが多いようです。股関節を屈曲するときに膝が内向きになるのです。これは、大腿筋膜張筋と中臀筋前部、小臀筋の使いすぎで起こります。使えていない筋肉は中臀筋後部と外旋六筋です。このアクティブコンディショニングは股関節を外回しにする筋肉を意識することが大切です。

アクティブコンディショニング
アブダクション

フォーム
横向きに寝ます。頭、首の下、そしてウエストにタオルを入れます。これは背骨を一直線に保つためです（写真はハーフポールを枕に使用しています）。両脚の股関節、膝関節を90度に曲げそろえます。

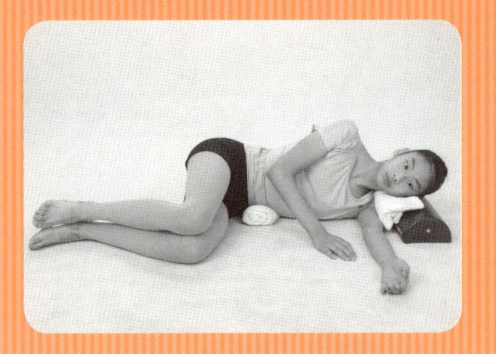

こんな時に！
お尻の横を意識
・膝が内向き
・膝とつま先の向きが異なる
・膝を曲げたときに内側に入る
・脚がぐらつく

POINT
身体の真ん中(軸)をしっかり保つ
身体の真ん中(軸)を意識します。脚を動かすだけで、骨盤、背骨が動かないように注意します。
☆反応をよくするには：お尻に横から、腿の横に向けてさすります。

コンディショニング

かかとをつけたまま、膝を開きます。お尻の横から後ろにかけて意識します。

終了後の感覚

膝が真っすぐに出るようになります。股関節が外に回しやすくなっています。脚がしっかりと伸ばせ、軸が安定します。

アブダクションショートレバー

アブダクションロングレバー

※強度を上げる場合

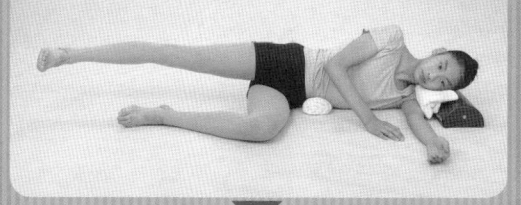

中臀筋

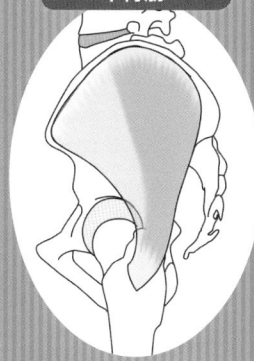

外旋六筋

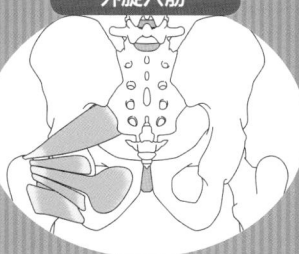

※強度を上げる（アブダクションロングレバー）

上の脚を伸ばします。かかとを突出し、膝をしっかり伸ばします。つま先を若干上に向けます。このとき、脚だけ回します。そのまま、脚を少しだけ上に上げます。お尻の横から後ろにかけて意識します。

10 内転筋群のアクティブコンディショニング
～意識する筋肉は内転筋群と外旋六筋～

　膝が内向き（ニーイン）、膝から下が外に向いている（トーアウト）のときに、もう一つ使えていない筋肉があります。それは股関節を内転したときに股関節を外旋させる筋肉である内転筋群です。内転筋群は外旋六筋と協力して脚を外回しにします。特に下臀部に近い、腿のつけ根あたりの筋肉は、股関節を安定させるにも役立ちます。

　膝が内向き（ニーイン）、膝から下が外に向いている（トーアウト）の場合、中臀筋後部かこの内転筋群のどちらかが使えていません。選手が使えていないほうを見つけてトレーニングする必要があります。アブダクションとアダクションをそれぞれ行い、股関節が開きやすくなっているほうが、その選手に必要なコンディショニングです。

アクティブコンディショニング
アダクション

フォーム

横向きに寝ます。頭、首の下、そしてウエストにタオルを入れます。これは背骨を一直線に保つためです（写真はハーフポールを枕に使用）。上の脚を前に出し、姿勢を安定させ、下の脚はかかとを突き出すようにして、膝をしっかり伸ばします。

こんな時に！

腿の内側を意識
・膝が内向き
・膝とつま先の向きが異なる
・膝を曲げたときに内側に入る
・脚がぐらつく

POINT

身体の真ん中(軸)をしっかり保つ

身体の真ん中（軸）を意識します。脚を動かすだけで、骨盤、背骨が動かないように注意します。
☆反応をよくするには：内腿を膝から恥骨に向けてさすります。

コンディショニング
下の脚のかかとを上に向け（脚を外回し）、脚全体を持ち上げます。内腿の付け根、お尻に近いほう（大内転筋）を意識して持ち上げます。

終了後の感覚
膝が真っすぐに出るようになります。股関節が外に回しやすくなっています。脚がしっかり伸ばせ、軸が安定します。

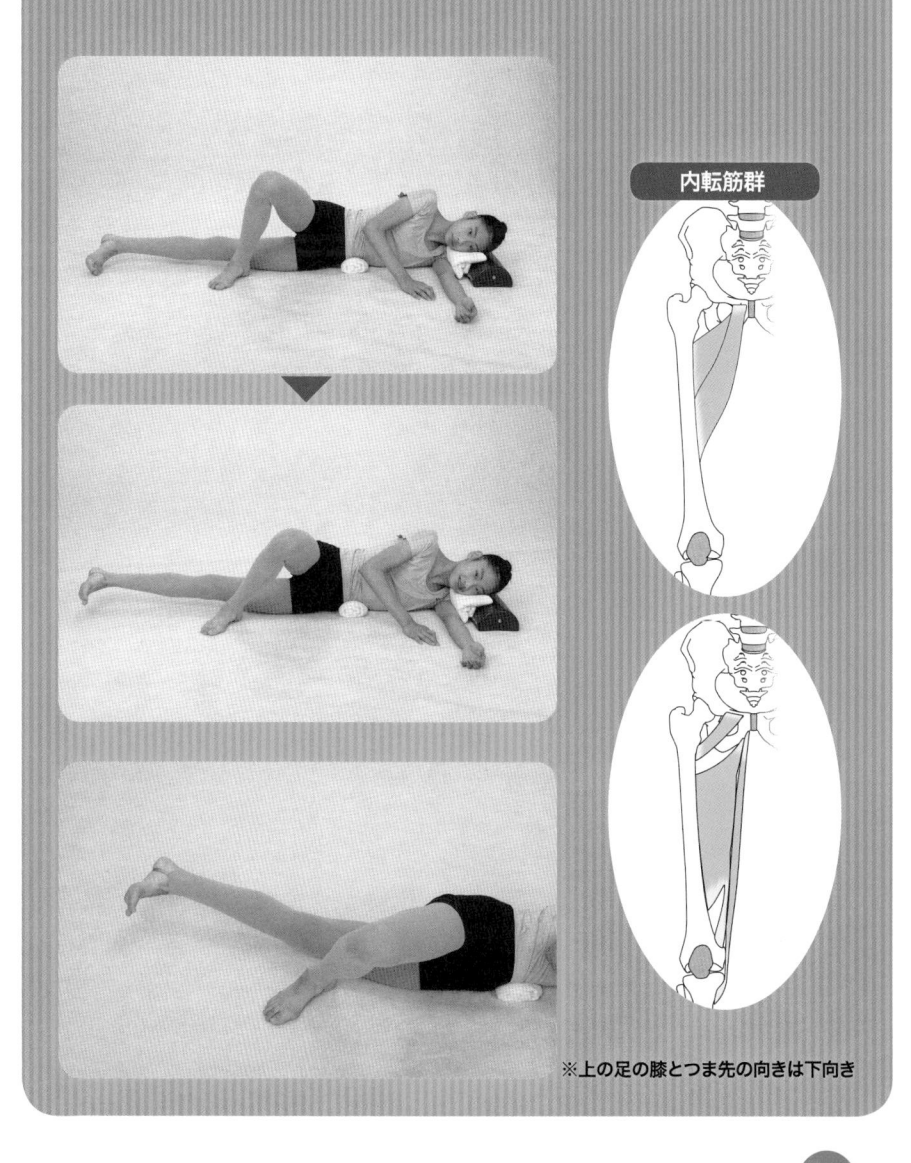

内転筋群

※上の足の膝とつま先の向きは下向き

11 膝内旋筋群のアクティブコンディショニング
～意識する筋肉は半腱・半膜様筋、薄筋、縫工筋～

膝が内向き（ニーイン）、膝から下が外に向いている（トーアウト）は、膝から下が外に向く傾向が強くても起こります。足裏の感覚が小指側や親指側に極端に偏っている場合に行うと足の着地が安定します。

アクティブコンディショニング
ニーローテーション

フォーム
脚を三角に立て坐骨に座ります。ボールを膝の間にはさみ、つま先を膝の延長上におきます。

コンディショニング
膝から下を回すように、足裏をすらせながら、親指同士がつくまで回します。

終了後の感覚
つま先が真っすぐ前向きで動きやすくなっています。膝とつま先が同じ方向に出ます。脚がしっかりと伸ばせ、軸が安定します。

こんな時に！
腿の内側を意識
・つま先と膝の向きが異なる
・足の着き方に偏りがある
・足元がぐらつく

POINT
回し方に注意
ボールをつぶさないように注意。手でげんこつを作り、2個入れてもOK。足の裏を床につけたまま回します。
☆反応をよくするには：内腿、腿裏を膝から坐骨にかけてさすります。

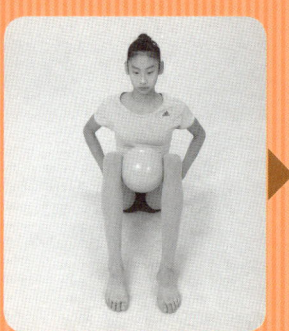

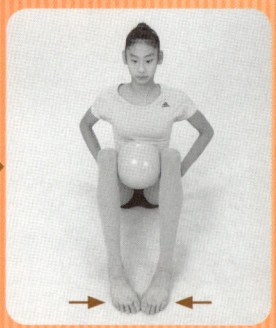

半腱・半膜様筋、薄筋・縫工筋

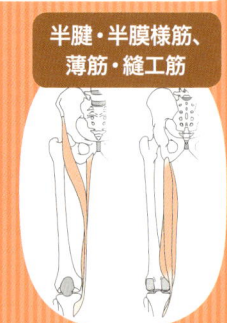

12 足指のアクティブコンディショニング
〜意識する筋肉は足指の付け根の筋肉〜

つま先立ちが不安定なとき、回る際にふらつくときなどに行うと、足指の感覚が高まり、動作が安定します。足裏の感覚が小指側や親指側に極端に偏っている場合は、足の着地が安定します。

アクティブコンディショニング
サムライシット

フォーム
膝もかかともそろえて、つま先立ちで座ります。かかとにお尻をのせましょう。

コンディショニング
かかとを中心に上体を左右に動かします。
※**足指や足裏が痛くてできない場合はお風呂の中で行います。**

終了後の感覚
床をしっかり押せるようになります。

こんな時に！
**足指を真っすぐに
伸ばすことを意識**
・指が曲がっている
・指が浮いている
・タコがある
・足裏にはりがある

POINT
動かし方に注意
足の指を全部、床につけたまま動かします。
☆反応をよくするには：足指を伸ばすために指わけ（P94）を行います。

足指の筋肉

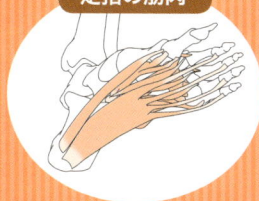

13 ポール上でのコンディショニング=コアトレ
～ポール乗ってコアが働いているかどうかを確かめる～

効率のよい動きができるようになるために

　コア（横隔膜・腹横筋・多裂筋・骨盤底筋群）が働いているかどうかは、かまぼこ型（円柱が半分になった形）のハーフポールを使います。このポールはコアの働きを確かめるのにとてもいい道具です。『アスリートのためのコアトレ〜100のエクササイズ、12の処方箋〜』（ベースボール・マガジン社）では、ポールを使ったコアトレを多数紹介しています。

　全体を通していえることは、この不安定な道具に乗り、手脚を動かしたときに、手脚に胴体がつれていかれないこと、ぐらつかないこと、バランスをとらなくても（力まなくても）、楽に、動作ができることがポイントです。そのためには、それぞれの動作は、息を吐きながら行います。息を「ハ〜」と吐くと、軸が安定します。それを身体で覚え、身体を動かすときに思い出しましょう。後半では、コアと手脚の連動（体幹トレーニング）も紹介しています。

コアトレのポイント

- 息を吐いて腹横筋が縮むことを意識（おへそが奥に引き込まれる）。安定しないときは、息を吐くことを意識的に行う。
- 身体の真ん中（そろえた足の中心、膝、恥骨、おへそ、胸骨、鼻）を意識。
- 足を動かしても、身体の真ん中を意識（バランスをとるのではなく）。

ボディコンディショニングポール（ハーフ）

ポール上でのコンディショニング
あお向けでのコアトレ

❶ 基本姿勢
ハーフポールの上に乗ります。頭がポールから出ないように注意します（写真は髪型の関係ででています。髪型には気をつけたいですね）。両脚をそろえます。足の真ん中・膝の真中・恥骨・胸骨・顔の真ん中と真ん中軸を意識し、呼吸を繰り返します。

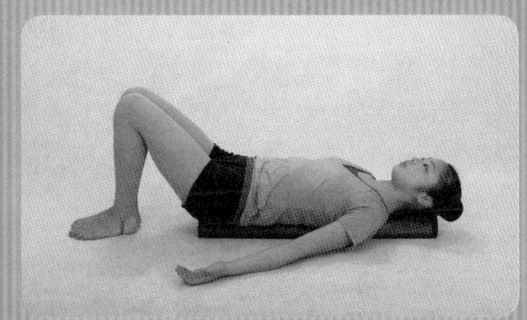

❷ 手を動かす（コアトレ両腕）
腕を「前にならえ」にして、交互に上下に動かします。腕を動かしても胴体がつれていかれない安定感を感じます。

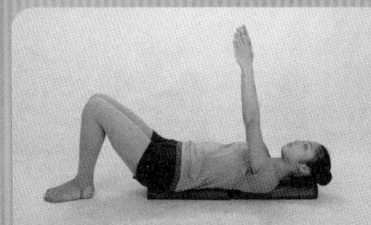

❸ 脚を動かす（コアトレ片脚）
膝を曲げたまま、交互に脚を動かします。膝はするように、反対側の脚に常に接した状態で動かします（骨盤底筋群）。脚を動かしても胴体がつれていかれない安定感を感じます。

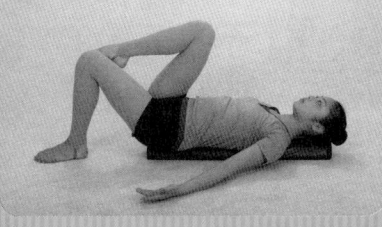

❹腕・脚を動かす（コアトレ両腕・片脚）
まずは腕を「前にならえ」、脚を交互に上げ下げします。できるようになったら、上げた脚を伸ばし、上下に動かします。軸脚も動かす脚も、バランスをとるのではなく、力まずに動かすようにします。

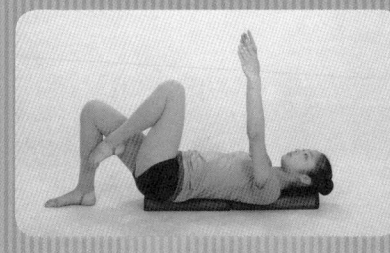

❺腕・脚を上げ、動かす（コアトレ両腕・両脚）
両脚をそろえ、脚を上げます。右腕を上げ息を吐き、安定したら左腕を上げます。両腕・脚を上げ安定させましょう。その状態で脚を交互に伸ばします。

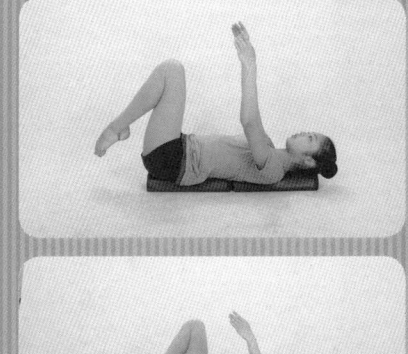

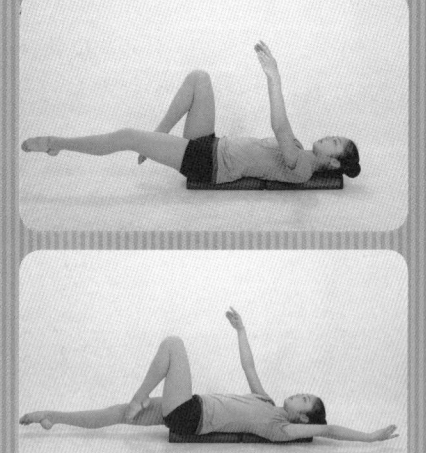

ポール上でのコンディショニング
コアと手脚の連動：体幹トレーニング

❶よつ這い

ハーフポールを前後、交互に並べます。肩の下に手首、大転子（股関節横）の下に膝を置きます。骨盤、肩のラインを一直線にして、胴体で四角のボックスをつくります。その四角を保ちながら息を吐き、手脚を動かします。ぐらつかず、力まずに手脚を動かすことがポイントです。

❷膝つき

ハーフポールを前後、交互に並べます。膝立ちになり中心軸を感じます。
①**側屈**：息を吐きながら身体を横に倒します。おへそを中心に置いたままの意識です。
②**屈曲**：息を吐きながら、股関節から前に倒し、中心を感じます。
③**伸展**：息を吐きながら身体を反らせます。

❶ 側屈　❷ 屈曲　❸ 伸展

❸ 片脚立ち・前後

ハーフポールを縦に置き、足を真っすぐにのせます。(親指と人差し指の間とかかとをつなぐライン) 内くるぶしと恥骨中央とおへそ、胸骨を真っすぐに立ちます。反対の脚をそろえて立ち、手をウエスト (腹横筋) におき、息を吐きながら、膝を持ち上げたり、後ろに伸ばしたりすることを繰り返します。ぐらつかず動けることを目指します。

❹ 片脚立ち・脚前・横・後ろ

脚を前後に動かすことが安定したら、脚を伸ばしたまま、前・横・後ろと脚を動かします。必ず息を吐きながら行います。後ろにあげるときには、おへそを正面に向けたまま動かすことがポイントです。手を上げるとぐらつく場合はウエスト (腹横筋) に添えます。

❺片脚立ち・Y字

Y字バランスをハーフポール上で行います。内くるぶしと恥骨中央とおへそ、胸骨を真っすぐにしたまま、息を吐きながらY字バランスをとります。身体が一直線になり、真ん中（軸）を感じることが大切です。

❻片脚立ち・パンシェ

この姿勢をとるときには、おへそが真下を向くようにします。内くるぶしと恥骨の一直線を意識します。脚が上に上がるとき、腰椎をひねり、骨盤を斜めにして行うことが多いようです。これが代償している形です。おへそが下を向くことが一番大切なポイントです。手の高さが左右同じで、胸骨からおへそ、恥骨を意識します。

14 歩きのコンディショニング
～筋肉を調整する歩きのコンディショニング～

ウォームアップの目的は、身体がうまく使えるように準備することです。身体の中心を意識し、筋肉が目覚めるように動きづくりをしましょう。ここでは、身体を温めながら、筋肉を調整できる種目を紹介します。

リセットコンディショニングやアクティブコンディショニングで動ける身体を準備したら、次に歩きからジョギングで身体を温めます。その間に以下の動きを行いましょう。意識する筋肉やフォームに注意しながら動きましょう。それぞれの種目に共通するポイントは、一直線上を歩いたり、走ったりすることです。意識もおへそを中心に一直線上を移動します。左右にぶれないことがポイントです。

ウォームアップのコンディショニング
ヒールウォーク／コアステップ ほか

❶ヒールウォーク
つま先を持ち上げて歩きます。

フォーム
「でっちり」にならないように、身体を真っすぐに保ちます

意識する筋肉
つま先を持ち上げる、すね側の筋肉を意識します

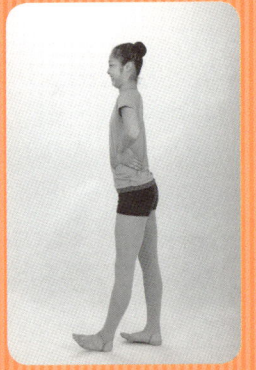

❷コアステップ
かかとの上げ下げを段のあるところ（写真ではハーフポールを使用）で行います。

フォーム 恥骨・おへそ・胸骨・鼻すじを真っすぐにすることを意識します。

意識する筋肉 かかとをできるだけ高く上げ、親指（拇指球）を意識します。反対の足はかかとを段より下げるように下ろします。

❸クロスウォーク

つま先・膝を外側（外回し）に向け、内腿がきちんと重なるように、一直線を歩きます。安定してきたら、手を上に上げて歩きます。

| フォーム | 恥骨・おへそ・胸骨・鼻すじを真っすぐにすることを意識します。ウエストに手を添え、腹横筋を促通します。

| 意識する筋肉 | お尻の横（中臀筋後部）　内腿（内転筋群）

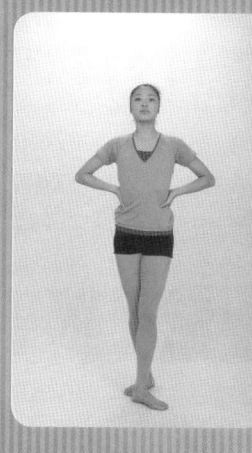

❹レッグカールウォーク

膝を股関節の下に置いたまま、かかとをお尻につけるように歩きます。

| フォーム | かかとを持ち上げたときに、恥骨・おへそ・胸骨・鼻すじを真っすぐにすることを意識します。（背中を反らない）、ウエストに手を添え、腹横筋を促通します。

| 意識する筋肉 | ハムストリングス（腿裏）

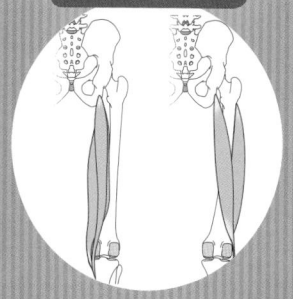

ハムストリングス

131

COLUMN #5 身体のメンテナンス

爪のお手入れと冷え予防、肌のケアを行いましょう

　コンディショニングのほかに身体のメンテナンスとして、選手のみなさんには、爪のお手入れをお伝えしています。爪切りで切る際に、深爪したり、指先を傷つけたりすると、一気にパフォーマンスが低下します。そのくらい指は大切な部分です。

　爪のお手入れには、ヤスリをお勧めしています。1日に1回、足のコンディショニングをする際に爪にヤスリをかけます。また、爪が死んでしまうと、はがれるまでの間、パフォーマンスもガタ落ちになります。爪が黒くなりやすい方は、足のコンディショニングとともに、テーピングで予防します。

　また、身体の冷えはパフォーマンスにとって大敵です。入浴をきちんと行うことが大切です。15〜20分はお湯につかり、身体を温めてください。お風呂の中はコンディショニングタイムと伝えています。下肢のコンディショニングは入浴中にできます。冷えが高じると、足指の間が切れます。今の時代におかしな話ですが、この「あかぎれ」状態の選手が意外に多いのです。そして日々足首は冷やさないように、レッグウォーマーを使いましょう。冷え予防は、選手にとって大切なコンディショニングです。

　最後にもう一つ、肌の調子です。肌の乾燥は筋肉の感度を落すことがわかっています。かかと、膝、手先、肘などは乾燥を感じやすい箇所です。お風呂上りにクリームやオイルを塗り、保湿してから寝ることを勧めています。

　身体のコンディションは、日々の生活の小さなことの積み重ねからつくられます。食事と同様に、身体を整える生活習慣を身につけましょう。

第6章

故障対策の
コンディショニング

1 コンディショニングの実際：故障別
～故障で競技人生を台無しにしてほしくないのです～

痛い身体で練習しない！ゆがんだ身体で練習しない！

　ここでは実際に出会った選手を思い出しながら、故障の仕組みを解説したいと思います。競技によって故障しやすい部位はありますが、どの競技でも故障の仕組みは同じです。故障するのは、その箇所の筋肉が弱いわけでも、筋力が低下しているわけでもありません。「使いすぎの筋肉」と「使えていない筋肉」とのアンバランスが故障を引き起こしています。

　動きの癖によりゆがんだ骨格のままで練習すると、その関節の動きを構成している筋肉にアンバランスが発生します。関節は、①関節包、②靱帯、そして筋肉が関節につくために筋膜が変化した③腱の三重構造で守られています。三重で守られている関節にゆがみや痛みが起こるのは、関節を動かす筋肉を相当に酷使しているといえます。また、酷使している筋肉の反対にある拮抗筋は使われておらず、関節を十分に支えていないといえます。

　同じ動作の繰り返しは、スキル練習では必要ですが、過度な繰り返しは故障を引き起こすため、あまりお勧めできません。練習の合間には休憩時間が必要であり、その間に補強トレーニング（アクティブコンディショニング）では使えていない筋肉のトレーニングも必要です。

　また、コアが整い、姿勢が崩れなければ、同じ動作を繰り返しても負担はかかりません。しかし、コアや姿勢が崩れているのに根性で回ったり、止めたりすれば、代償動作が起きて筋肉に負担がかかります。これを防ぐトレーニングをコンディショニングではアクティブコンディショニングと呼んでいます。コアを整え、軸を作りながらのトレーニングです。

　選手の一生を考えたとき、ジュニアでは身体づくりに重点を置いていただきたいと思います。まずは基礎練習の大切さを知って指導していただきたいです。ここでいう基礎練習は「姿勢づくり」のことです。姿勢づくりには、その前段階である幼児期からの姿勢が重要ですが、その部

分については親御さんの責任として教えてください。

　姿勢づくりの要点は、日常的には3つで大丈夫です。
・背筋を伸ばして座る。
・脚を閉じて座る。
・膝をきちんと伸ばして立つ。

　また、ジュニア期の骨端症（成長痛）は、筋肉の使いすぎによるものです。あとで事例を示しますが、痛い関節をさすり、リセットコンディショニングを行うことで、練習は再開できるでしょう。

　痛みのあるジュニア選手は、そのときの競技成績を捨てでも、基礎を見直す勇気を持っていただきたいと思います。高校生は、筋肉を作る時期です。筋肉づくりのポイントはコアトレです。身体を支える筋肉を徹底的にトレーニングすることで、きれいな身体にもなり、スキルも向上します。コアトレ（P124〜129）を重点的に取り組んでいただきたいと思います。

腰痛

　腰痛が高じれば、腰椎すべり症、分離症、椎間板ヘルニアとなります。表現スポーツでは腰を反る動作が多いだけに、腰痛は起こりやすい故障です。仙骨を骨折したフィギアスケート選手にも出会ったことがあります。コアをトレーニングしないで技を習得させた結果だといえるでしょう。背中を反らせる（伸展）動作が見せ場になることが多く、この動作時の繰り返しが腰痛の原因です。また、股関節の酷使、脚を振り上げる動作も、この故障を招きます。

腰痛対策のコンディショニング

リセットコンディショニング	アクティブコンディショニング
▶胸椎・腰椎など背骨周り（P78〜82）、股関節（P86〜89）	▶コアトレ（P124〜129）、腹直筋下部（P114）

足底筋膜炎、シンスプリント、中足骨疲労骨折、アキレス腱炎

　これらの原因は、つま先立ちになる動作です。新体操、フィギュアスケート、バレエ、ダンスのすべてに共通します。足裏の疲労、足裏への体重のかけ方（外体重か内体重か）、どこに負担がかかるかは、その選手の動き方の癖によります。それによって故障する場所に違いが出るのです。

　故障の始まりは、足裏が疲れてきた、ふくらはぎが張ってきたというところから。足裏とふくらはぎ、そして疲れのたまる膝裏（膝窩リンパ）は、毎日、徹底的にリセットコンディショニングしていただきたいのです。リセットコンディショニングを徹底していれば、これらの故障は起こりません。

足底筋膜炎、シンスプリント、中足骨疲労骨折、アキレス腱炎対策のコンディショニング

リセットコンディショニング
▶ 指わけ（P94）、
　リスフラン・ショパール（P95）、
　足首グルグル（P96）、
　ふくらはぎのリセット（P97）

アクティブコンディショニング
▶ サムライシット（P123）

股関節痛

　お尻の横が痛い、股関節が痛い・つまる、脚が上がりにくい、お尻の外側が痛い、股関節の動きが悪く腰が痛い、これらはすべて股関節にとっては赤信号で、股関節の使い方が原因です。脚を振り上げる動作が多い、膝が内側に入るなどが主な原因です。

　股関節を屈曲する筋肉を使いすぎると、その筋肉が股関節を内側に引っ張ります。腰と股関節をつなぐ筋肉の使いすぎは、腰痛にもつながります。脚の使い方は、すべての身体の使い方につながります。これは

パフォーマンスの精度にも影響します。股関節のコンディショニングもまた、毎日行っていただきたいコンディショニングです。

股関節痛対策のコンディショニング

リセットコンディショニング
▶ 股関節クルクルトントン（P87）

アクティブコンディショニング
▶ アブダクション（P118）、アダクション（P120）

膝痛

　股関節の使い方と、膝の使い方の両方で起きる故障です。
　膝は関節の中で一番大きな関節です。この関節が故障をするということは、相当な負荷が膝にかかっていることになります。膝の出る方向は、必ずつま先の向きと同じ方向になってほしいのです。しかし、膝は曲がると膝下が外側に向いたり、内側に向いたりと位置が定まらないことが多いのも確かです。これは足の接地面、足指の使い方が原因として挙げられます。膝がねじれた状態でのパフォーマンスは、軸が乱れるだけでなく、足元のふらつきにもつながります。

膝痛対策のコンディショニング

リセットコンディショニング
▶ 膝関節トントン（P91）、
　ふくらはぎのリセット（P97）

アクティブコンディショニング
▶ ヒップジョイントターン（P117）、
　サムライシット（P123）

2 コンディショニングの実際：事例紹介
～コンディショニングによる改善例～

コンディショニングが痛みと演技を変える

　ここに記載した故障は、あくまでも経験と筋肉の仕組みの理論に基づいて改善した事例です。本来トレーナーは、痛みはあっても、レントゲンやエコーを撮った結果、関節に変形などは確認されず、基本的には炎症や夜間疼痛（就寝時も痛い）のない状態で、かつ痛み止めは処方されても具体的治療がされてない場合にしか指導はしてはいけません。しかし、現実は選手は痛みを我慢して練習や試合に出ています。そんな場合、コンディショニングが少しでも、役に立てばと思い指導しました。もちろんやめさせる勇気も必要です。筋肉の可能性と選手の可能性、そしてコンディショニングを信じて実施して、その結果が出た例です。

＜S選手／アキレス腱炎・足底筋膜炎、かかとが上がりにくい＞

　アキレス腱に強い痛みを感じ、つま先立ちではかかとがうまく上がりません。足裏はアーチが下がって偏平足に見えます。触るとアキレス腱にも足裏にも熱感があり、病院では部分断裂と診断され、練習後のアイシングとテーピング、痛み止めの注射を処方され、試合に臨みました。

● コンディショニング的処方

　ふくらはぎ・足裏を徹底してリセットコンディショニング。アキレス腱と足底の痛みは、かかとを持ち上げる（底屈）筋肉の使いすぎが原因です。かかとを持ち上げる筋肉は、アキレス腱と足首の中を通り、足裏に腱となってついています。まずはふくらはぎを徹底的にリセットします。炎症に至った筋肉は針金のように硬いので、ふくらはぎを丁寧におさえながらさすります。すべりがよくなるように、アロマオイルを使うとよいでしょう。

　次に丁寧におしつつ、つま先を持ち上げ、足首をしっかり使います（背屈）。そして足26個の骨をバラバラにするようにリセットします。疲れが残る程度なら足裏でボールを転がすやり方でも構いませんが、S選手

の状態なら自分の手で丁寧に足裏を動かしてリセットします。決してもむのではなく、1個1個の骨を動かすようにします。ここまで行うと痛みはなくなっているはずです。

＜Ａ選手／腰痛・すべり症・分離症・側弯症＞

　背中を反る（伸展）動作の繰り返しが腰痛の原因です。反動での反りの動作や、コアの不安定さによる背骨の不安定さで、椎間の距離が保てなくなります。また子どもだと筋力が勝り、椎骨が割れる（横突起分離症）こともあります。成長とともに筋肉が発達し背骨を守れるようになると痛みは減りますが、筋肉の疲労によりある日突然痛みで動けなくなることもあります。そもそも腰部は、５つの腰椎と仙骨を筋肉で支えている体幹の要です。コア（横隔膜・腹横筋・多裂筋・骨盤底筋群）で背骨を支えられなくなると、身体を反る、丸める、ひねるなどの動作の際に、筋肉の代償（使わなくていい筋肉まで動作に使われる）が起こります。その結果、「側弯」「反り腰（胸腰部過前弯、腰椎ストレート）」という姿勢になります。その際、使われすぎている代表的な筋肉は、大腰筋、脊柱起立筋下部です。使われない筋肉は腹直筋下部で、多くの選手が背骨を丸めることが苦手です。

　Ａ選手は上記の典型的な選手でした。反る演技は素晴らしく、柔軟性に富んでいるように見えますが、前屈ができません。股関節を屈曲する動作で前屈ができないのです。できない典型的な基本姿勢は、長座姿勢（脚を伸ばして座る）です。腰が丸まり背骨が立ちません。また、反りも正しい動作ではなく、脚が後ろに上がると骨盤まで動かして安定を図ります。ほかにも、大切な演技のときに息を止める癖もありました。ドクターからは、腰痛とうまく付き合って競技を続けるように言われ、痛いときには座薬を使って練習するなど、とても悩ましい選手でした。

●コンディショニング的処方

　背骨周りと大腰筋、脊柱起立筋のリセットコンディショニングを徹底します。トレーニングは、呼吸とコアトレそして、腹直筋下部への徹底刺激です。アクティブコンディショニングがうまくいったときは、痛みは出ません。しかしコアトレがうまくいかないときは痛みが出るという

現状です。呼吸を伴う演技の癖は整えるまでには時間がかかります。練習内容の時間配分の工夫が必要なタイプです。これまでの競技生活の見直しが必要だとお伝えしたい選手です。

＜U選手／中足骨疲労骨折＞

　足裏、足の甲が「きれいでない」選手です。足裏は硬くガサガサ、皮むけもあります。足の甲にあざが多く、足指の間は皮がむけ、切れている箇所もありました。コンディショニングでは皮膚の状態も故障の予防のために確認します。皮膚の乾燥は、足部の血行不良と判断します。足裏には小さな筋肉しかありませんが、下腿の筋肉が腱になって足裏や足の甲に付着しています。下腿の使い方の負荷は足にかかります。腱にまで負担がかかり、それが骨膜にも影響したものが疲労骨折です。U選手は、骨膜どころか骨にひびが入っていました。骨を強くする超音波の治療をしながら、骨を丈夫にする食事に気をつけて、足の使い方を徹底にコンディショニングしました。足指の間を触るととても痛がります。足指、中足骨の間にアロマオイルを塗布してさすります。それだけでも足の緊張はとれてくるようです。

●コンディショニング的処方

　足指、足の間、リスフラン・ショパール、かかとゆすり、足首グルグルと足の徹底的なリセットコンディショニングを中心に、下腿（ふくらはぎ・すね・膝裏）のリセットコンディショニングを、時間を十分にかけて行います。足指を丸めて使う癖があり、足指を伸ばした状態で床を踏むトレーニングを行いました。サムライシットなどは、最初は全くできない状況でしたが、お風呂（湯船）の中で取り組んでいただきました。

＜M選手／右股関節痛＞

　股関節の奥が痛いと訴える選手が意外に多いことにも驚きました。股関節が「つまる」と表現をする選手が多いです。そんなとき選手はストレッチを行いますが、一瞬はよくなった気がしても根本的には解決しておらず、かえって悪化させている選手も見かけます。M選手もそんな選手です。秋山先生がよく「おしめをして立っている」と表現されますが、お尻を突

き出した姿勢をとっています。一見、新体操に特徴的な姿勢のように見えますが、胴体と脚をつなぐ筋肉が硬く、股関節の動きを妨げています。M選手は練習中に脚を反動で後ろに振り上げたり、縦開脚をしたりとしきりに股関節を伸ばしたがりますが、これではパフォーマンスは上がりません。

● コンディショニング的処方

まずは股関節の屈曲筋のリセットコンディショニングを行います。股関節クルクルトントンは、腸腰筋、中臀筋前部、大腿筋膜張筋、鼠径リンパ節をおさえて行います。アクティブコンディショニングは、股関節伸展筋肉（ハムストリングス・大臀筋）を丁寧に、筋肉を意識しながら行ってもらいました。また彼女の特徴は、大内転筋の刺激を行うことで、つまり感が減ることでした。

<O選手／うまく回れない>

回る動作は、フィギュアスケート、新体操ではとても大切なスキルです。回れない理由を大別すると、足元、体幹のアンバランス、呼吸です。足元は、捻挫などの故障で足首が不安定になり、足裏がうまく使えず、指が丸まる、足裏の外側や内側に体重が逃げるということが起こります。

体幹部は、背骨の並びに癖が出ているという診断でした。コアができてないことでの代償動作の繰り返しがゆがみをつくりだしているためです。呼吸とも関係があり、息を止めて回ることも代償動作につながります。

どのタイプで回れないかを、骨格をモニタリングして、コンディショニングを処方することが大切ですが、自分で行ってみて回れるようになったものを、自分のコンディショニングとすることがいいと思います。

● コンディショニング的処方

O選手は足元のふらつきと、体幹には側屈回旋というゆがみがありました。足元は足首グルグルなど足部のリセットコンディショニングを丁寧に行い、足首を支えるテーピングをして練習に入ります。体幹部分は、背骨のリセットコンディショニング後、徹底コアトレと称して、ポール上での軸の安定と動作の改善、代償を起こさないさまざまな動作を挑戦してもらいました。秋山先生からは「バレエの動作もきれいになったころから、軸がとれて、回りもよくなりました」という話がありました。

おわりに（監修者の言葉）
コンディショニングが拓くスポーツの未来

　今から20年くらい前のことです。当時、新体操世界一の国であった旧ソ連にコーチ留学をしました。その国には選手育成のための教科書があり、科学者も制作に携わった素晴らしい内容の教科書で、この通りに行うのだと教えられました。一方で、指導現場で耳にしたのは子どもの叫び声、コーチが子どもの股関節を無理やり広げている光景でした。もちろん現在は改善されて安全な指導が行われていますが、当時はここまで行わなければ世界一になれないのかと不安な気持ちになったのでした。留学先からトレーニングを持ち帰ると、多くの指導者がそれに飛びつきました。日本の競技力を上げたいという気持ちがある一方で、無理やり身体を作ってくやり方が知られることに、ジレンマを覚える日々が続きました。

　数年後、友人のエレーナが日本で1年間新体操の指導を行うことになり、本学にも指導に来ていただいたときのことです。夜になってエレーナの具合が急に悪くなり、聞くと、選手時代の後遺症で生きていくのがつらいほどの痛みに襲われるのだと話してくれました。それを聞いて私の頭の中に広がったのは、留学時に目にしたあのトレーニングの光景でした。

　新体操選手としての人生は一生のうちのほんの数年です。引退後には長い人生が控えています。エレーナの一件はその現実を見つめ、選手をどう育成するかを考える機会となり、勝つことと痛みなく楽しくやることを両立させるためのトレーニングを探求する日々が始まりました。

　世間にはよいといわれるトレーニングが多数ありますが、それらをすべてやっているとそれだけで1日が終わってしまい、新体操どころではありません。それに私には気になることがありました。選手がきちんと立てないのです。新体操の動作云々の前に、正しく立てなければ、跳んだり回ったりできません。さまざまなトレーニングを実施しましたが、どんなにトレーニングしても理想の立ち方にならないのです。何が正しいのかもよくわからなくなったときに、講習会の講師として来校された有吉先生とお

話する機会があり、「トレーニングを仕分けしてください」とご相談申し上げたのです。
　有吉先生にお願いしたのは「きちんと立つ」こと。そして自分の身体を自分でコントロールできる選手を作りたいということもお伝えしました。お話させていただくなかで、自分の間違いに気づかされました。それまで私は、選手が正しく立てないのは筋力がないからで、筋力があればちゃんとできるはずだと思っていましたが、そうではなかったのです。
　選手たちは、筋力がないどころか、ありとあらゆるトレーニングをやり過ぎて身体がガチガチに固まっていたのです。石みたいに固まっている身体にまっすぐに立つよう指導しても、土台無理なことです。まずは硬くなった筋肉を改善し、本来の状態に戻してから始めましょうと、有吉先生に言っていただきました。うまく出来ないのには、身体にゆがみがあるから、筋肉にこわばりがあるから、身体に痛みがあるからなどの理由があり、「コンディショニング」が解決手段となることを教えていただいたのです。
　今ではコンディショニングが定着し、84人いる部員全員がリセットから練習を始めています。もちろん毎日行っており、やらない日はありません。たとえば、新体操は回る動作がたくさんありますが、以前はうまく回れないときには何度も回る練習をさせていましたが、身体の軸に原因がある場合には、「リセットしておいで」などと言って、コンディショニングに送り出しています。部員は自分で適切なリセットとアクティブのコンディショニングを選んでやるようにもなりました。また、ここ2〜3年で、捻挫などのケガがなくなり、股関節が痛いという新体操選手に特有の痛みも激減しました。これには指導者として本当に感謝しています。
　元気で明るくオリンピックの金メダルを目指す時代になることが私の理想であり、それを日本から達成できたら、本当に素晴らしいと思います。スポーツをすることで痛みがあるのはナンセンスです。心も身体も元気のままで、人として選手を育ていく、そういうスポーツ界を作りたい。コンディショニングはそのためになくてはならないものだと思っています。

秋山エリカ
東京女子体育大学教授、新体操部コーチ

<著者> 有吉与志恵　Yoshie Ariyoshi

「有吉与志恵メソッド」開発者。コンディショニングトレーナー。一般社団法人日本コンディショニング協会(NCA)会長。運動指導者として30年以上のキャリアを生かし、体調と体形を劇的に改善するコンディショニングメソッドを確立。高齢者から現役アスリートまで、幅広い層へのセルフコンディショニング指導のほか、学校や企業向けの講座や指導者の育成にも情熱を注いでいる。2005年に「すこやかや」、07年に「CLEVA(クレバ)」、09年に「HEARTH ISM(ハースイズム)」、13年に「Natural muscle(ナチュラルマッスル)」をプロデュース。また、09年には一般社団法人日本コンディショニング協会(NCA)を設立。http://ariyoshiyoshie.com/
ポール購入先▶コンディショニング専門店 http://conditioning.jp/

<監修者> 秋山エリカ　Erika Akiyama

東京女子体育大学教授。東京女子体育大学卒。幼少の頃にバレエをはじめ、中村学園高校時代に器械体操から新体操に転向。1984年にロサンゼルス・オリンピック、1988年にソウル・オリンピックに日本代表として出場。海外でのコーチ留学を経て、後進の指導に携わる。現在は公益財団法人日本体操協会新体操ナショナル強化スタッフ、日本新体操連盟の理事として活躍。

強くなるコアトレ
表現スポーツのコンディショニング
新体操・フィギュアスケート・バレエ編

2016年1月20日　第1版第1刷発行
2017年3月20日　第1版第3刷発行

著　者　有吉与志恵
監修者　秋山エリカ
発行人　池田哲雄
発行所　株式会社ベースボール・マガジン社
　　　　東京都中央区日本橋浜町2－61－9 TIE浜町ビル 〒103-8482
　　　　電話　03-5643-3930（販売部）
　　　　電話　03-5643-3885（出版部）
　　　　振替　00180-6-46620
　　　　http://www.sportsclick.jp/

印刷・製本　大日本印刷株式会社

© Yoshie Ariyoshi, 2016
Printed in Japan
ISBN978-4-583-10939-8　C2075

※定価はカバーに表示してあります。
※本書の写真、イラスト、文章の無断転載を厳禁します。
※本書のコピー、スキャン、デジタル化などの無断複製は著作権法上での例外を除き禁じられています。代行業者等の第三者に依頼してスキャンやデジタル化することは、たとえ個人や家庭内の利用でも著作権違反です。
※乱丁・落丁がございましたらお取り替えいたします。